Around the Board

カッティングボード
スタイリングレッスン

g

カッティングボード スタイリングレッスン

エミリー・ディレイニー 著／村松静枝 翻訳

Publisher: Mike Sanders
Senior Editor: Alexandra Andrzejewski
Assistant Director of Art/Design: Rebecca Batchelor
Photographer: Daniel Showalter
Food Stylist: Emily Delaney
Chef: Ashley Brooks
Proofreaders: Lisa Starnes, Amy J. Schneider
Indexer: Celia McCoy

First American Edition, 2022
Published in the United States by DK Publishing
6081 E. 82nd Street, Indianapolis, IN 46250

Japanese translation rights arranged with
Dorling Kindersley Limited, London
through Fortuna Co., Ltd. Tokyo.

For sale in Japanese territory only.

This Japanese edition was produced and published in Japan in 2023
by Graphic-sha Publishing Co., Ltd.
1-14-17 Kudankita, Chiyodaku,
Tokyo 102-0073, Japan

For the curious
www.dk.com

For my parents, who make every dream possible.

どんな夢も実現させてくれる両親へ

Contents

The Art of the Board

Chapter 1　ボード作りの基本

Winter

Chapter 2　冬のボード

Spring

Chapter3　春のボード

Summer

Chapter 4 夏のボード

Fall

Chapter 5 秋のボード

この本の使い方

＊材料はカッティングボードのサイズや人数にあわせて用意します。

＊下準備には主な作業を記しています。その他の下準備は適宜行ってください。

＊大半のカッティングボードにおいて、生ハムはあらかじめスライスされたものを想定しています。盛りつけ方を読んでから食材の準備や作業をはじめてください。

＊本書に登場するカッティングボードや道具類、食材など入手できないものがある場合は、近いものや好みのもので代用してください。またお近くの専門店にお問いあわせください。

Author's Introduction

はじめに

数年前の11月の肌寒い夜、わたしはチーズを盛ったカッティングボードを持って友人の家へ出かけました。それが、年に一度の“フレンズギビングデー”のパーティのために、わたしに割りあてられたものでした。もともとチーズやパンなどを切りわける際に使うカッティングボード（以下、ボードと呼びますね）を器に見たてて美しい前菜やスイーツの盛りあわせを作る、わたしのボード作りに注ぐ偏愛ぶりは、すでに友人たちに知られていたので、この役目はぴったりだったのですが、直径60cmほどのボードを作ったのは、はじめてでした。縁までぎっしりと秋らしい色あいと風味を兼ね備えた食べ物で埋めつくし、まさに美と豊穣を象徴するボードに仕上げました。

大傑作ができたのはよいけれど、巨大なボードを運ぶのはひと苦労。車の後部座席でひざの上にボードをのせて、傾けないようにバランスを取りながら、友人の家へ向かいました。その時は、魔法のような出来事が起こるなんて思ってもいませんでした。

14人のにぎやかな招待客と3匹ほどの犬がいるリビングルームに足を踏み入れた途端、部屋が静まり返りました。誰もが動きをとめたと思った瞬間、みんながドッと押し寄せてきて、チーズとシャルキュトリーが盛られたボードをまじまじと見つめて、夢中で食べはじめたのです。そのあとも誰ひとりとしてボードのまわりから離れず、おいしい食事と会話で、場がいっそう盛りあがりました。

あの魔法のようなひと時は、この本を書くきっかけを与えてくれました。そして、常にわたしに新たなひらめきを与えてくれるとともに、主宰する交流グループ「チーズボードクイーン」の活力源にもなっています。このグループは、美しいボードを通じて人々の親交を深めたい、美しいボード作りを広めたいという、わたしの情熱にもとづいて運営されています。

本書では、わたしの大好きなボードをたっぷりと紹介します。家族や友人が集う休暇や大切な記念日、あるいは平日でも何か特別な演出をしたい時など、一年中あらゆる機会に使えるボードを用意しました。最良の食材選びから美しい盛りつけ方まで、ボード作りのヒントをすべて披露します。本書を読めば、自信をもって、これまでになかったようなボードを作れるようになり、ボードを囲んでの魔法のようなひと時を演出できるでしょう。

チーズボードクイーン代表

エミリー・ディレイニー

The Art of the Board

Chapter 1

ボード作りの基本

Gather Around

さあ、はじめましょう

この章では、主な食材選びから、盛りつけの基本や食材のペアリングまで、ボード作りに必要な基本技術のすべてを学びます。基本的な知識と技術をマスターすれば、次章からはじまる40種類以上の全ボードを、自信をもって作れるようになります。さあ、みなさん！ ボードのまわりに集まって、ボード作りをはじめましょう！

「チーズボードクイーン」の哲学

ボード作りとは、わかりやすく気軽に取り組むことができて、個性を発揮できるものであるべきだと信じています。ボード作りに費やした時間より、ボードに盛られたおいしいものをつまみながら過ごす時間の方が、大切なのはもちろんですが、作るプロセス自体も楽しみたいものです。

ボード作りの真の魅力を知るには、ボードに食べ物を盛りつけることにとどまらない、広い意味があることを理解しましょう。ボードは、家族や友人たちと分かちあうかけがえのない団らんを生み出してくれます。たとえば、まだ顔なじみでない間柄の人々が集まっている部屋にボードがあれば、場を和ませる小道具として、すばらしい効果を発揮してくれるのです。さらには、美しく盛りつけられた食べ物を鑑賞しながら、食材や料理の広大な世界を探ることができます。

食材選び

ボードは、美しさを鑑賞する対象であるだけでなく、様々な食材にスポットライトをあてて食の世界を探求していく手段でもあります。

おいしいボード作りは買い物からです！ 食感や原料の異なるチーズ（P16）や肉、フルーツ、クラッカーなどを選び、カートいっぱいに積み込む時点からはじまっています。

食材の品質はもちろん大切です。食材によって、ボードに盛りつけるにはめずらしいものがありますが、常識の殻を破って、お気に入りの食材を選びましょう。無難な食材選びから一歩踏み出して、今まで手にしたことのなかったチーズや肉、その他の食材を少なくともひとつ選んでみてください。どこからはじめればよいのかわからなければ、各売り場の専門スタッフにおすすめを教えてもらえばよいのです。旬の食材をヒントに選んでもよいでしょう。

ボード作りの魅力は手軽さにもあります。家庭で作れるものでも手作りにこだわらなくてOKです。本書でも市販品を活用しています。

季節のボード、特別な日のボード

祝日や休暇、大切な人の誕生日、それ以外にも、みんなで集まって楽しさを分かちあう機会は、年間を通して無数にあります。そうした集まりの料理にボードを加えれば、もう完璧です。それには次のような理由があります。

* 前もって簡単に用意できる前菜なので、手のかかる調理が不要
* 集まるテーマを楽しみながら表現できる
* みんなにまちがいなく喜んでもらえる

ボード作りのヒントを与えてくれるのは、特別な祝日やテーマだけではありません。季節の色や旬の食べ物は、ボードに盛りつける食材を選ぶ際のガイドとして頼りになります。

本書では、季節ごとに一年間を通して楽しめる、様々なボードのアイデアと盛りつけ方を紹介します。どのボードも、祝日や一般家庭のパントリーに並ぶ食材から着想を得て考え出したものです。

Principles of Pairing
ペアリングの基本ルール

テーブルに並ぶいろんな料理を少しずつつまんで楽しむスタイルの大きな魅力は、食生活に独創性をもたらす点にあります。そんななかで、様々な味わいや食感の食べ物が盛りあわされたボードは、食材のペアリングを見直し、新たな組みあわせを発見する絶好の機会を与えてくれます。バランスのよい風味の食材を選んで申し分のないボードを作るには、基本ルールがいくつかあります。覚えておけば役だつでしょう。

完璧な食材の組みあわせ

食材のペアリングを決めるための、最もわかりやすい方法は、風味を引きたてあう、あるいは調和しあうものを選ぶことです。甘いものは甘いもの、しょっぱいものはしょっぱいもので組みあわせれば、バランスの取れた軽食ができあがり、それぞれの食材の風味を高めることができます。熟成の進んだイングリッシュチェダーチーズとリンゴのスライスにハチミツをたらせば、チェダーチーズの甘味とハチミツの花のような香りがより引き出されるでしょう。

このルールは食感にもあてはまります。やわらかくクリーミーなブリーとハチミツ、あるいは熟したラズベリーを組みあわせると、口のなかにうっとりするような豊潤な風味が広がります。一方、熟成されたゴーダチーズと歯ごたえのよいクラッカーの組みあわせは、軽快で食欲をそそります。

対照的な風味が生み出すおいしさ

常識に反するように思われるかもしれませんが、対照的な風味の食材を組みあわせると、ちょうどよく調和することがあります。たとえばメープルベーコンドーナツを思い浮かべてください。甘味と塩味がほどよくおいしいですよね。こうした対照的な組みあわせは、思いもよらないような、おもしろくて味わい豊かな軽食となります。

対照的な風味をもつ食材の組みあわせは、強すぎる味を落ちつかせて、食べやすくする効果を発揮する場合もあります。ハチミツと強烈なにおいのブルーチーズの組みあわせは、その典型例です。また、それぞれの風味を高め、まったく異なる新しい味わいを生み出す場合もあります。よい例が、シェーブルチーズと新鮮なイチジク、バルサミコソースのトリオ。ピリッとしていて、甘味があって、おまけにうっとりするような味わいで、わたしの大好物です。

繰り返しますが、食感も風味と同じくとても大切な要素です。クリーミーなチーズには歯ごたえのよいクラッカーを、ハードチーズにはジャムを組みあわせましょう。このように対照的な食感をもつ食材を組みあわせれば、口のなかはまるでパーティのよう！ きっと夢中になることでしょう。

共通要素のあるものを組みあわせる

決して失敗のない正統派のペアリングは、食べ物がいつどこで生産されたのかを考えてみることです。産地や文化圏、生産方法、さらには生育期が共通する食べ物どうしは、相性がよいという理論があります。

たとえば、イタリアのチーズと肉、前菜を盛りつけたボードや、本書で紹介している季節をテーマにしたボードを作って、実際に味わってみましょう。この理論がとてもよくわかるでしょう。

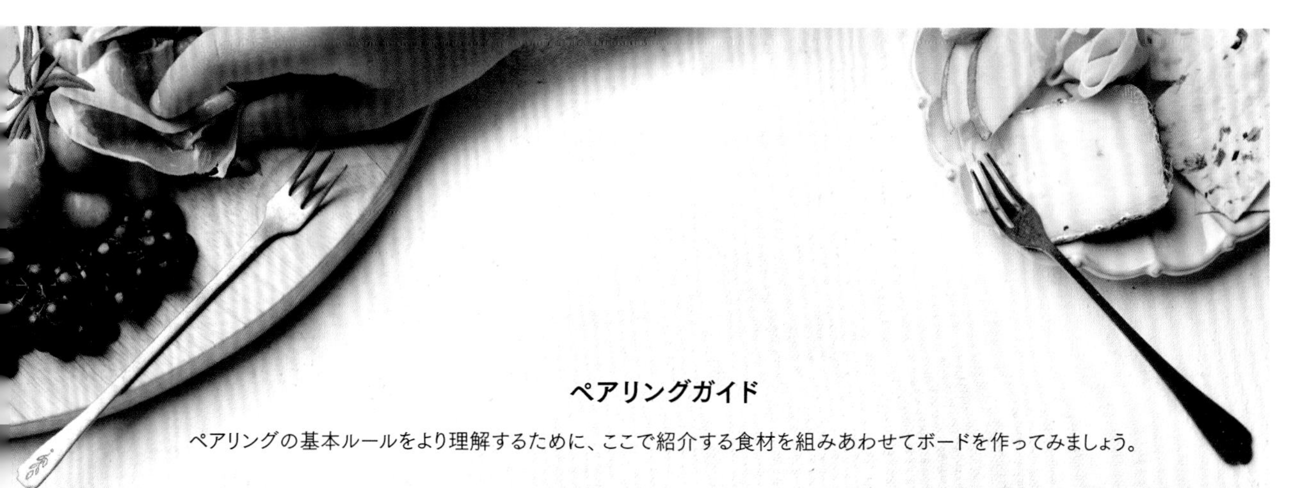

ペアリングガイド

ペアリングの基本ルールをより理解するために、ここで紹介する食材を組みあわせてボードを作ってみましょう。

チーズ	風味と食感	引きたてあう組みあわせ	対照的な組みあわせ
新鮮な シェーブル	鮮烈な味、強い味、酸味、 やわらかい、クリーミー	オリーブ 柑橘類 チェリー プロシュート	新鮮なベリー ハチミツ ドライアプリコット 歯ごたえのよいクラッカー
ブリー	バターの風味、マイルド、 マッシュルームの香り、 クリーミー、なめらか、 熟しきった味わい	ハチミツ イチジク 新鮮なベリー プロシュート	コルニッションのピクルス リンゴや洋ナシ ナッツ類 ハードパン
ブルーチーズ	強烈な味、鋭い、塩け、 クリーミー、やや砕けやすい	オリーブ コルニッションのピクルス サラミ	ハチミツ ドライフルーツ ダークチョコレート ナッツ類
熟成チェダー	ナッツの風味、鋭い、 おだやかな甘味、やや土っぽい、 かたいが砕けやすい、 やや歯ごたえがある	ジャム リンゴ ブドウ 歯ごたえのよいクラッカー	粒マスタード コルニッションのピクルス サラミ ナッツ類
ゴーダ	ナッツの風味、塩け、 キャラメルの風味、 かたいがなめらか、 やや歯ごたえがある	サラミ 歯ごたえのよいクラッカー ナッツ類	イチジクジャム リンゴや洋ナシ オリーブ ドライフルーツ ダークチョコレート

チーズ

チーズの世界は広大で、世界各地に古くからの伝統が息づいています。種類はほぼ無限にあり、探検しがいのある世界ですが、あまりの多さに手に負えなくなりがちです。とはいえ幸い、よく知られたカテゴリーの分類を理解すれば、迷わずに選べるでしょう。

チーズの分類

フレッシュチーズ

作りたての新鮮なうちに食べるように作られています。熟成させないため、水分が多くてやわらかく、塗り広げやすいうえ、まろやかでミルキーな風味です。

例：モッツァレラ、シェーブル、マスカルポーネ、フェタ

白カビチーズ

人体に無害なペニシリウムカンディダムという白カビを加え、熟成させます。熟成の進行とともに、白くてやわらかい、食べられる外皮が生じます。この外皮がバターのような食感を生み、外側から内側へと熟成していくにつれて、さらにやわらかいチーズになります。

例：ブリー、カマンベール

ブルーチーズ

青い血管のような青カビは、ミルクに注入された青カビの胞子が、空気に触れて繁殖することで生じます。独特のにおいと、刺すように鋭い塩けのある風味で知られています。

例：スティルトン、ゴルゴンゾーラ、ロックフォール

セミハードチーズ

熟成が進むとともに水分が失われ、深みのある風味が生まれます。若いチーズ特有のバターを思わせるクリーミーな食感と、熟成チーズ独特のナッツと塩の風味をあわせもつ、絶妙なバランスのチーズです。

例：ゴーダ、チェダー、マンチェゴ、ハバティ、グリュイエール

ハードチーズ

熟成期間が長いため、水分がほとんど残りません。複雑で深みのある風味が生まれ、焦がしバターやナッツのような味わいが感じられます。かたいものの砕けやすいのも特徴です。

例：パルミジャーノレッジャーノ、ペコリーノロマーノ

ウォッシュチーズ

塩水などカビを生じさせる液体で外皮を洗うことにより、外皮にバクテリアが発生して、独特なオレンジ色と強烈なにおい、個性的な味わいを生みます。強いにおいに反して、風味はまろやかなものが多いようです。

例：タレッジョ、リンバーガー、エポワス

ミルクの種類

牛乳

チーズ作りに最も多く使われるミルクでしょう。おだやかで素朴、そしてバターのような風味があり、ブリーやチェダーなど、世界で一番普及しているチーズも牛乳から生まれています。

山羊乳

山羊の食生活と独特な脂肪酸組成が、牛乳から作られるチーズに比べて淡い色と強い風味、そして土っぽくて青い草のような風味をもたらします。

羊乳

脂肪分が多いため、チーズ作りに理想的なミルクです。フェタ、マンチェゴ、ペコリーノロマーノ、ロックフォールは、ほぼ羊乳のみで作られています。

Parmigiano-Reggiano
パルミジャーノレッジャーノ
Brie
ブリー
Taleggio
タレッジョ
Blue Cheese
ブルーチーズ
Goat Cheese
シェーブル
Gouda
ゴーダ

Charcuterie & Salume
シャルキュトリーとサラミ

ボードに盛りつける食材のなかで、肉類はチーズと同じぐらい重要でしょう。うれしいことに種類が豊富で、いわば選び放題です。歴史的にいうと、イタリアでは非加熱の塩漬け肉は「サルーミ（salume）」と呼ばれ、現在のサラミやプロシュートと同様の保存用肉でした。一方、フランスではパテのように加熱して加工した肉を「シャルキュトリー」といいますが、現在、これら2つは同様の意味で使われ、前菜やチーズボードによく添えられる加工肉を指すようになっています。

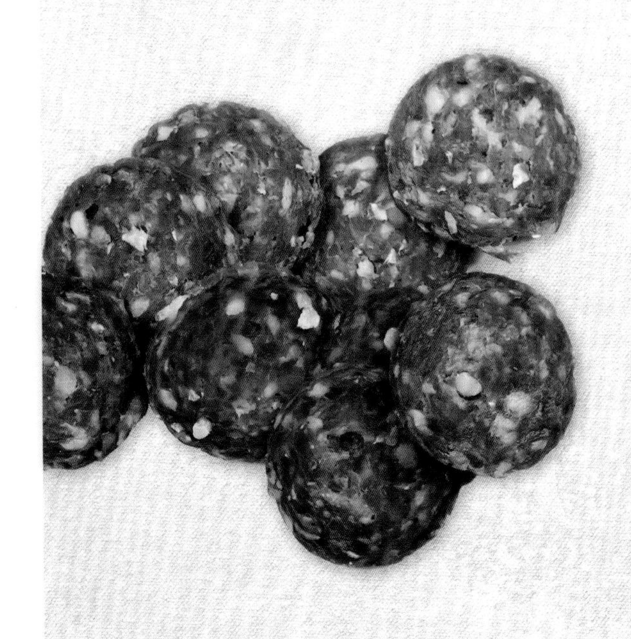

Salami
サラミ

サラミという言葉は、イタリア語のサルーミから派生しています。サルーミは、2000年前から、保存のために塩漬けにした肉全般を意味する言葉として使われてきました。

サラミ自体は、イタリアの塩漬けソーセージの一種です。一般的には、豚ひき肉を様々な材料で味つけして腸に詰めたのち、吊して乾燥あるいは塩漬けにして、数週間から数か月、あるいは何年間も保存されます。産地と製法によって定義された様々な種類のサラミがあり、ジェノバ、ソプレッサータ、ペパロニ、チョリソなどがよく知られています。その他、フェンネルなどのスパイスで味つけしたフィノキオーナ、黒こしょうや赤ワインで味つけしたサラミなどがあります。

Prosciutto
プロシュート

プロシュートはハムを意味するイタリア語。加熱せずに乾燥させたプロシュートクルードは、シャルキュトリーのボードによく使われます。プロシュートは、マエストロサラトーレ（maestro salatore、「塩入れ師」の意）が、豚のもも肉に塩をまんべんなくまぶし、数週間乾燥させて作ります。こうすることで、加熱しなくても安全に食べられるようになるとともに、風味が凝縮されるのです。塩漬けにしたあとは、洗って味つけしたのち、最長で３年間熟成させます。

紙のように薄くスライスすれば、バターのように口のなかでとろける食感を楽しめるでしょう。また、甘辛い風味は、様々な種類のチーズや食材とマッチします。

Capicola
カピコラ

別名カポコッロまたはコッパとも呼ばれています。イタリアの伝統的な塩漬け乾燥豚肉で、豚のコッパ、つまり首から肩にかけての肉から作られます。赤ワイン、ニンニク、様々なハーブやスパイスで味つけしてから塩をまぶし、動物の腸などの天然ケーシングで覆い、最長で6か月間吊して味をしみ込ませます。

脂肪30%、赤身肉70%の割合で、しっとりとしてやわらかく、豊かな風味があります。サンドイッチやピザはもちろん、様々なチーズや前菜と一緒にボードに盛りつけるのにぴったりです。

Bresaola
ブレザオラ

牛肉を乾燥させて作るシャルキュトリーの一種で、原産地はイタリア北部ロンバルディア地方。脂肪を丁寧に取り除く伝統的な製法により、プロシュートや他のサラミに比べて脂肪がはるかに少ないのが特徴です。脂肪を取り除いた肉を、塩、セイヨウネズ、シナモン、クローブ、ニンニク、柑橘類で味つけしたのち、赤ワインを振りかけてから、数週間熟成させます。

多くのシャルキュトリーと同様に、ブレザオラもごく薄くスライスするのがよいでしょう。赤身のあっさりとした食感と牛肉ならではの複雑な風味は、熟成させたイタリアのチーズやオリーブ、ナッツと抜群の相性です。

Principles of Styling

盛りつけの基本

魅力的で大絶賛されるようなボードを作る秘訣は、ありのままの自然な美しさを備えた食材を、創意工夫して盛りつけることです。ここで紹介する盛りつけ方には4つの基本ルールがあり、あらゆる食材の組みあわせに応用できるので、いつでも素敵なボードが作れるでしょう。

多様な食材をそろえる

このルールを実践するには、ボードの盛りつけ方だけでなく、食材の選び方が重要です。

様々な食材を見栄えよく演出するには、「チーズと肉類を1か所にまとめずに離して配置する」「形や大きさの似通った食品を随所に散りばめる」、そして「立体感のある構成や色彩の原則に従って、見る人を楽しませるゾーンを作る」といった工夫をしましょう。そうすれば、バラエティ豊かでまとまりのあるボードに仕上がり、見る人の目をボードの至るところに引きつけることができます。

立体感のある構成

ボードを占める主な食材には平べったいものが多いもの。チーズとシャルキュトリー、クラッカーはもちろん、そもそもボードが平らです。

食材を包装から取り出してそのままボードに並べたのでは、一面的で味気ない仕上がりになってしまいます。「チーズをスライスにする」「シャルキュトリーを折りたたむ」「クラッカーを積み重ねて置く」などの工夫をすれば、平べったい食材を際だたせることができ、メリハリがあって立体的な構成となります。

「ジャムやハチミツを小さな器に入れる」「野菜やフルーツをこんもり積みあげる」「すきまをナッツで埋める」「摘みたてのハーブを飾る」といったアイデアも、高さに変化をもたらす効果があります。

彩りを演出する

鮮やかな色彩を取り入れれば、いとも簡単に人目をさらい、賞賛の的となるボードが作れます。Chapter 2以降、新鮮な野菜とフルーツ、ジャムやハチミツなどの食材を使って、くすんだ色あいのチーズやクラッカー、シャルキュトリーを引きたてた、まとまりのある配色のボードが登場するので、ぜひ注目してみてください。

テーマを決める

1枚のボードがあれば、集いのテーマを独創的にメニューに組み込むことができます。制限はないので、選んだ食材の色と味、形を生かし、枠にとらわれずに自由な発想で、集いのテーマを生き生きとボードに表現しましょう。

ボードに盛りつける適量

チーズ：一般的に1人あたり約60gが適量であるため、3人のお客様には2～3種類のチーズを合計180gになるように用意するとよいでしょう。

シャルキュトリー：チーズ同様、1人あたり60～90gを用意するとよいでしょう。100～120gほどのスライスずみのプロシュート1パックと、240gほどのハードサラミが1本あれば、4～6人のお客様に対応できます。
お客様に満足してもらえるよう、必要に応じて量を調整しましょう。メニューにおけるボードの役割、つまり前菜かメインディッシュかという点も、量を調整する決め手となります。

STYLE 1

形ごとに適したチーズの切り方

- **直方体**（チェダー、グリュイエール、コンテなど）：よく切れるキッチンナイフまたはチーズナイフを使う。チーズをカッティングボードの上に平らに置き、側面に沿って、5mm厚ほどの薄い長方形に切る。好みにあわせて、あらかじめ外皮を取り除いてもOK。
- **くさび形のセミハードチーズ**（ゴーダ、マンチェゴなど）：よく切れるキッチンナイフまたはチーズナイフを使う。チーズの外側のワックスコーティングを取り除いて、カッティングボードに横に倒して置き、くさび形の薄い先端を向こう側に向ける。チーズの三角形をした面に沿って、5mm厚ほどの三角形ができるように切る。
- **くさび形のハードチーズ**（熟成ゴーダや熟成パルミジャーノレッジャーノなど）：アーモンドナイフの先端または細長い長方形のフラットナイフを使う。チーズをカッティングボードに横に倒して置き、くさび形の薄い先端側から切りはじめ、ひと口サイズになるように砕くように刻む。
- **くさび形のソフトチーズ**（ブルーチーズなど）：ワイヤーつきチーズカッターまたはソフトチーズナイフを使う。チーズをカッティングボードに横に倒して置き、食べやすいサイズの三角形に切る。
- **円形**（ホールサイズのブリー、カマンベール、ゴーダ）：ソフトチーズナイフまたは刃の薄いスリムブレードナイフを使う。チーズをカッティングボードの上に平らに置き、まず半分に切り、さらに1/4に切り、さらにその半分というように必要な数になるまで切っていく。
- **バトン形**（サントモールなどのシェーブル）：ワイヤーつきチーズカッターまたはソフトチーズナイフを使う。チーズをカッティングボードに寝かせて置き、5mm厚ほどの輪切りにする。

STYLE 2

プロシュートの折りたたみ方

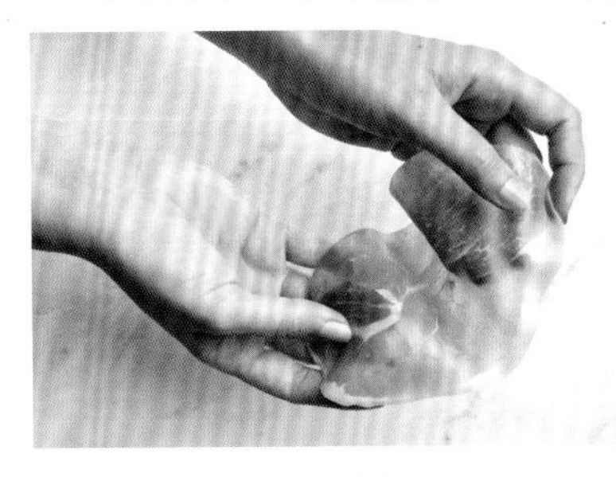

Step1　ひと切れを裏紙からそっとはずし、白い脂肪部分の反対側を持つ。この時、裏紙からプロシュートをはずす前に、キッチン用はさみで半分に切っておくと扱いやすい。

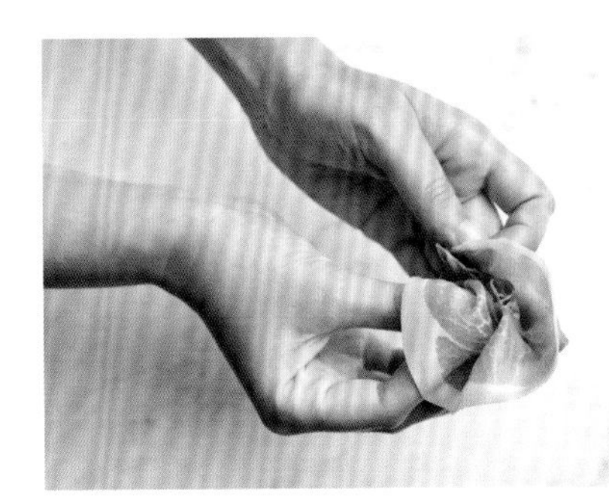

Step2　プロシュートの白い脂肪部分が広がるように、下端部分にギャザーを寄せるようにしながら折りたたんでいく。白い脂肪部分を上にしてボードに並べる。

STYLE 3

サラミの折りたたみ方

Step1　サラミを写真のように両手で持つ。

Step2　半分に折って半月形にし、指で軽く押さえて折り目をつける。

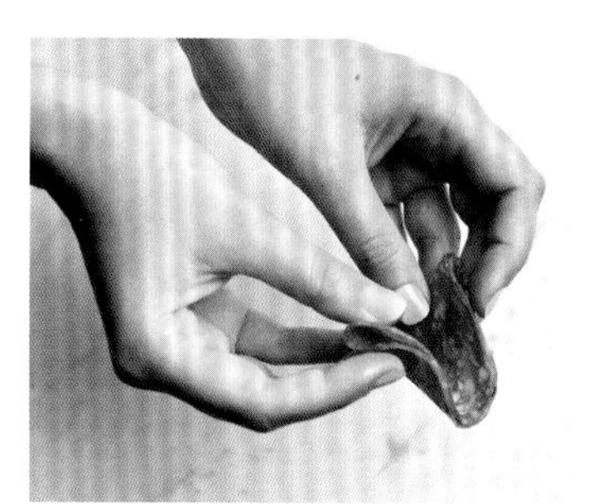

Step3　さらに半分に折ってくさび形にし、軽く押さえて折り目をつける。同様にして必要な枚数を折っていき、折り目が下になるようにボードに並べる。

折りたたむだけでシャルキュトリーの質感が
際だつばかりか、立体的になって
コクのあるおいしさにふさわしい個性が生まれます

Prep & Serve
便利な道具と使い方

ボード作りには、とりたてて必要な道具はありません。しかし作業が手軽にスムーズになる道具があります。こうした道具を使うと、チーズをよりうまく切ることができたり、より見栄えのするボードになって、お客様にいっそう楽しんでいただけます。

おすすめのナイフと道具

ハニーディッパー

手軽に使えて、しかもハチミツをきれいにたらすことができます。サイズと素材が豊富なうえ、かわいらしい形がチーズボードにキュートな魅力を加えてくれます。

チーズ用カッティングボード

使い勝手がよく、しゃれた雰囲気のあるボードを選びましょう。ソフトチーズもハードチーズもきれいに切れるだけでなく、お客様にチーズを切ってもらえるようテーブルに出しておいてもよいですね。

チーズナイフ

スリムブレードナイフ(左)：ごく薄い刃と、刃に対して斜めに曲げて仕上げられたハンドルのおかげで、セミハードチーズもソフトチーズも、とてもきれいにスライスできます。

ソフトチーズナイフ(中央)：刃に穴が開いているため、チーズがナイフにくっつきにくいのがメリットです。

アーモンドナイフ(右)：パルメザンナイフとも呼ばれ、先端の鋭くとがった刃は、パルミジャーノレッジャーノや熟成ゴーダなどのハードチーズを切るのに最適です。

ワイヤーつきチーズカッター

ワイヤーはやわらかいチーズをきれいに切るのに理想的。力が過度にかからないため、チーズが崩れたり潰れてしまったりというトラブルを防げます。

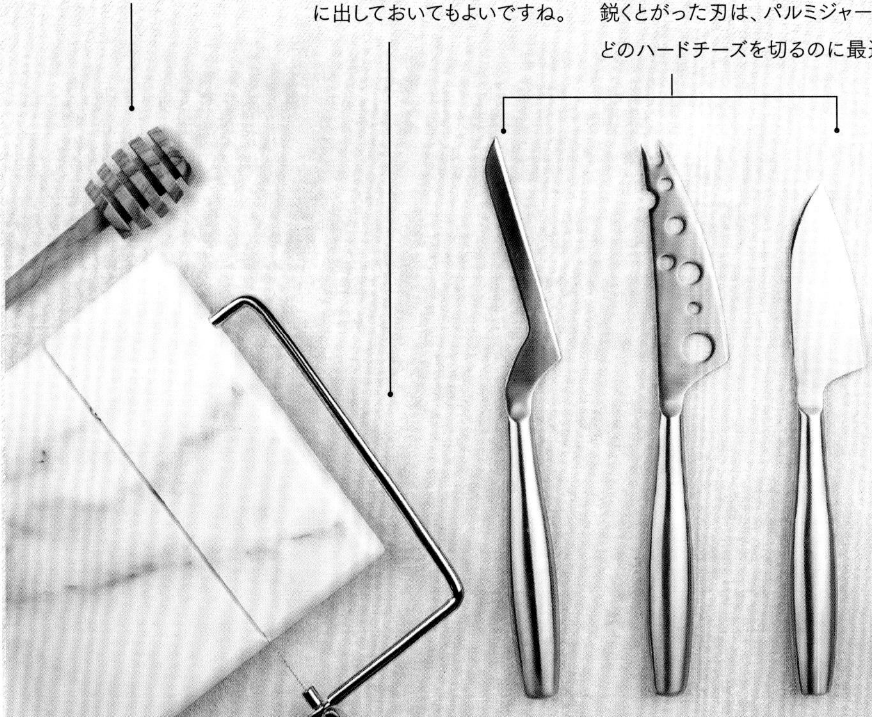

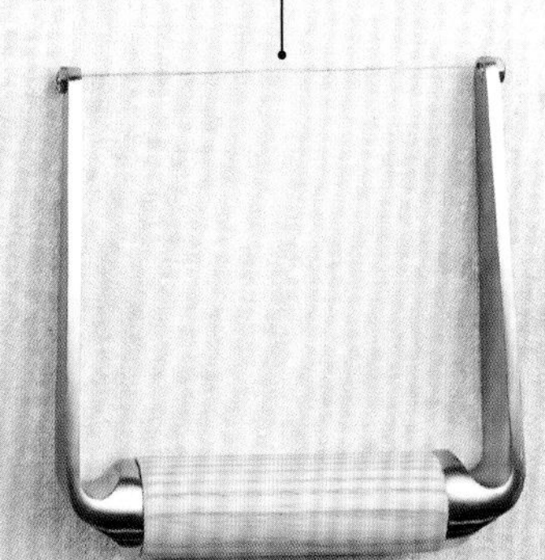

どんなカッティングボードを選ぶ？

素材：木はもちろん、天然石のスレートや大理石が定番。見た目が美しく、簡単に洗うことができるうえ、適切に手入れをすれば、一生使えます。木製ボードをしみや変色、傷から防ぐには、木製食器用オイルを塗っておくとよいでしょう。スレートや大理石のボードは、あらかじめ汚れ防止のコーティングが施されているものがおすすめです。

形と大きさ：円形から長方形まで、小ぶりなサイズからテーブルほどの大きなものまで多種多様にあり、何人用のボードを作るのかを考えて選びましょう。たとえば直径30cm強の円形ボードは、少人数でテーブルを囲む場合に適しています。35×45cmほどの長方形ボードなら、ごちそうを盛りつけるスペースが広がり、お客様が大勢でもゆったりと食事を楽しんでもらえます。

大切なことは美しく盛りつけることなので、この本と同じボードがなくても大丈夫！ 本書でも大きな器やランチボックスに盛りつけたりしています。もてなす人数に見あう好みのものに、楽しく盛りつけましょう。

ボウルや器選びも重要

ジャムやハチミツなどを入れるボウルや器は、実用面だけでなく、ボードの見栄えを左右します。陶器やガラスの小瓶、ココットなど、多種多様な形、サイズ、色から選びましょう。ボード全体のバランスは、小さなサイズのものの方が整えやすいようです。

バターナイフ

やわらかくクリーミーなチーズをクラッカーやパンに塗り広げるのに便利です。

フォーク

ハードチーズを盛りつけたり、切ったり、チーズやシャルキュトリーなどを取り分けたりと重宝します。

先割れナイフ

二股ナイフとも呼ばれ、ソフトチーズやセミハードチーズをスライスするのに適しています。切ったチーズを先端部に刺して取り分けることもできます。

フラットナイフ

幅広で平らな刃のナイフは、1本もっておきたい定番品。様々な種類のチーズに使うことが可能で、切る、スライスするといった作業に適しています。

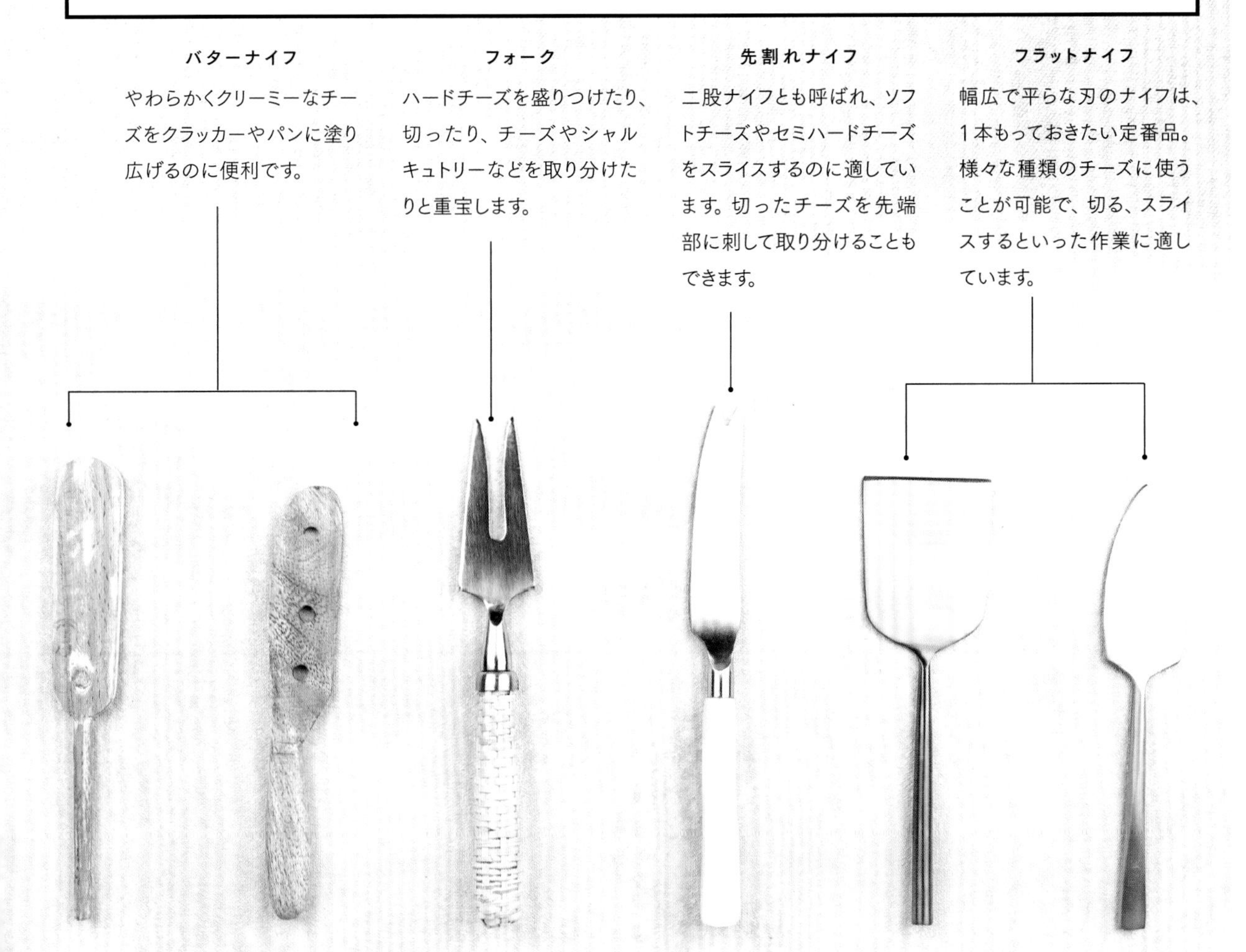

Winter

Chapter

2

冬のボード

Your Winter Pantry

冬のパントリー

世界の大半の地域で、冬は他の季節に比べて活気がなく、実り豊かな時期とはいいがたいですね。たしかに夏よりも作物が少なく、バラエティに欠けますが、それを補ってあまりある大胆な色あいと豊潤な風味が、冬らしい食材やチーズのコクと複雑さを引きたてます。さあ、パントリーに何があるか、調べてみましょう。

フルーツ

ブラックベリー
ブラッドオレンジ
カラカラオレンジ
（ピンクネーブル）
クレメンティンオレンジ
クランベリー
グレープフルーツ
洋ナシ
（ボスクナシ、バートレット、レッドアンジューなど）
ザクロ
ラズベリー
赤ブドウ

チーズ

ベラヴィターノエスプレッソ[★1]
ブルーチーズ
（ゴルゴンゾーラドルチェ、ロックフォールなど）
ブリー
チェダー
コンテ
クランベリーシェーブル
クランベリーウェンズリーデール
ゴーダ
グリュイエール
ハービソン
モルビエ
オッソーイラティ
（またはエスキーロウ[★2]）
パルミジャーノレッジャーノ
プレザントリッジリザーブ
プチバスク
タレッジョ
ゴーダトリュフ

その他

コルニッションのピクルス
クランベリージャム
クランベリーとオレンジのジャム
イチジクジャム
オレンジジャム
（またはマーマレードジャム）
ラズベリージャム
サワーチェリージャム
チェリージャム
（理想はスパイス入り）
ハードパン
全粒粉クラッカー
フルーツナッツクリスプ[★3]
ダークチョコレート
ドライアプリコット
ドライオレンジ
ドライイチジク
アーモンド（マルコナなど）
ミックスナッツ
オリーブ
粒マスタード

★1：焙煎したてのエスプレッソで覆ったアメリカ産セミハードチーズ。
★2：オッソーイラティの一種。
★3：クリスプは果実などをクッキー生地に混ぜて焼いたお菓子。

AROUND THE

WINTER PAIRINGS BOARD

銀世界への賞賛
冬のペアリングボード

アメリカ中西部出身のわたしは、冬という季節にやや複雑な思いを抱いています。陽光に恵まれず、凍えるほど寒い日が続く一方で、豊かなコクを楽しめる食べ物から、みずみずしいザクロやオレンジの鮮やかな色彩まで、冬ならではの魅力にあふれているのですから。そこでこのボードには、冬という季節のすばらしさへの賞賛を込めました。本章で紹介するボードのほとんどは、クリスマスなどの特別な日をテーマとしていますが、雪が降ってふさぎがちな気分を一掃するために特別な料理が欲しい時や、ふと思いたって友達や家族と集まった時にも役だちます。

Shopping List
材料

チーズ

- 熟成ゴーダ
- ブルーチーズ
- エスキーロウ
- ハービソン

肉類

- カピコラ
- ハードサラミ

フルーツ、ハーブ

- 赤洋ナシ（レッドアンジューなど）
- ザクロ
- 赤ブドウ
- ローズマリー
- タイム

パン、クラッカー、ナッツ

- ハードパン
- イチジクとオリーブのクリスプ
- 薄焼きクラッカー
- ミックスナッツ

その他

- コルニッションのピクルス
- イチジクジャム
- 粒マスタード
- ハチミツ
- オリーブ

BUILD IT
盛りつけ方

1. 下準備をする

すべてのフルーツとハーブは洗って水けを切る。エスキーロウは三角形の薄切りにする。ゴーダは一部をチーズナイフの先端でひと口サイズに刻む。ハービソンは上部の外皮を半分取り除く。サラミと洋ナシ、パンはスライスする。ザクロを小さめに切る。ジャムとハチミツ、マスタードはそれぞれ小さな器に入れる。

2. 盛りつける

写真のように、エスキーロウ①、ハービソン②、ゴーダ③、ブルーチーズ④を、ボードの端の方に置く。ジャム⑤、マスタード⑥、ハチミツ⑦の器をのせる。ブドウ⑧の小房をいくつか置く。洋ナシ⑨を数枚重ねてのせる。ザクロ⑩を数個まとめて置く。オリーブ⑪とピクルス⑫を、それぞれこんもり盛りつける。カピコラ⑬を折りたたみ、すきまに差し込む。サラミ⑭をきれいに並べる。クラッカー⑮とパン⑯、クリスプ⑰をそれぞれ積み重ねて盛る。すきまをミックスナッツ⑱で埋める。ローズマリーとタイム⑲を飾る。

盛りつけたら…

すぐに、またはラップで覆って20～30分冷蔵庫で冷やしてからテーブルへ。

鮮烈な味わいの旬の食材は
コクがあって複雑な風味のチーズや塩味の食材を
引きたててくれます

ペアリングあれこれ

いろんな食材を少しずつ組みあわせてみましょう。甘味と塩味、そしてやや斬新な味の食材を幅広く取り入れることにより、バランスに優れ、風味豊かなペアリングを無限に生み出すことができます。ここではわたしの好きな組みあわせを紹介します。

ハービソンと

ハードパン
コルニッションのピクルス
粒マスタード
洋ナシ

エスキーロウと

イチジクとオリーブのクリスプ
ハチミツ
オリーブ
赤ブドウ

熟成ゴーダと

イチジクとオリーブのクリスプ
イチジクジャム
ザクロ
洋ナシ

ブルーチーズと

薄焼きクラッカー
ハチミツ
ザクロ
赤ブドウ

AROUND THE

HOLIDAY HOSTING BOARD

ホリデーシーズンを楽しむ
おもてなしボード

ホリデーシーズンは、家族みんなが集まるディナーに友人を招いてのホームパーティなど、おもてなし精神を存分に発揮するチャンスが盛りだくさん。ここでは、簡単にそろう食材を使い、盛りつけに少し工夫を加えたボードを紹介します。砂糖をまぶしてきらめくクランベリーとローズマリーで、ホリデーシーズンらしさを演出しました。ストレスなく楽しく準備できるコツが満載です。

Shopping List
材料

チーズ

- ブリー
- クランベリーシェーブル
  （作り方 P49、市販品でも可）
- ゴーダシェーブル

肉類

- プロシュート
- ソプレッサータ

フルーツ

- 洋ナシ（あればボスクナシ）
- ザクロ
- 赤ブドウ

クラッカー、ナッツ

- 薄焼きクラッカー
- クランベリーとヘーゼルナッツのクリスプ
- アーモンド（皮なし、マルコナ）

その他

- クランベリーとローズマリーの砂糖漬け
  （作り方 P37）
- グリーンオリーブ
  （カステルベトラーノなど）
- ドライオレンジ
- ドライイチジク
- クランベリーとオレンジのジャム
- ハチミツ

BUILD IT
盛りつけ方

1. 下準備をする

クランベリーとローズマリーの砂糖漬けはボードを作る2日前までに作っておく。すべてのフルーツは洗って水けを切る。ゴーダシェーブルは三角形に、クランベリーシェーブルと洋ナシは数枚スライスする。ザクロは小さめに切る。ジャムとハチミツ、オリーブはそれぞれ小さな器に入れる。

2. 盛りつける

写真のように、ゴーダシェーブル①、ブリー②、クランベリーシェーブル③を、ボードの端の方に置く。ジャム④、ハチミツ⑤、オリーブ⑥の器をのせる。ブドウ⑦の小房をいくつか盛りつける。洋ナシ⑧は重ねて、ザクロ⑨はまとめてのせる（見栄えをよくするポイントは、フルーツを少なくとも2か所に分けて盛りつけること）。プロシュート⑩とソプレッサータ⑪を折りたたみ、すきまに差し込む。クラッカー⑫とクリスプ⑬を扇状に重ねて盛る。すきまをアーモンド⑭で埋める。ドライフルーツ⑮、クランベリーとローズマリーの砂糖漬け⑯を飾る。

盛りつけたら…

すぐに、またはラップで覆って20～30分冷蔵庫で冷やしてからテーブルへ。果実味がありしっかりとした赤ワインまたは切れ味のよいプロセッコとあわせて。

SUGARED CRANBERRIES & ROSEMARY

クランベリーとローズマリーの砂糖漬け

砂糖漬けをボードに加えるだけで、あっというまに心おどるホリデーらしい陽気な魅力が加わります。
シロップで甘くなったクランベリーは、見た目もきれいですが、おいしさもけた違いです。

できあがりの分量：カップ1杯半のクランベリーと約20gのローズマリー
調理時間：45分（＋冷却時間2時間）

材料：
・クランベリー（新鮮なもの）　340g
・ローズマリーの葉　約20g
・甘ショ糖　2カップ
・水（またはオレンジジュース）　適量
・オレンジの果皮　適宜

用途：
チーズボードやカクテル、デザートの飾りに

1. クランベリーは洗って水けを切る。大きなバットにオーブンシートを敷く。
2. 小鍋に砂糖（1/2カップ）と水（砂糖が溶ける量）を入れ、好みでオレンジの果皮（半個分）を加える。
3. 2を弱めの中火にかけ、砂糖が溶けるまでかき混ぜてシロップを作り、1分ほど煮る（沸騰させないこと）。火をとめ、5分間冷ます。
4. 3にクランベリーを少量ずつ加え、5分（またはひと晩）漬け込む。
5. 4のクランベリーから余分な砂糖を落とし、1のバットにのせる。
6. ローズマリーも2～5を繰り返して同様にシロップをまぶし、1時間ほど置き、触ると少しくっつく程度まで乾かす。
7. 小さいボウルに残りの砂糖と5と6のクランベリーとローズマリーを入れ、静かにかき混ぜて砂糖をからめる。
8. クランベリーとローズマリーを再びバットに戻して1時間乾燥させる。
9. 密封容器に移し、冷蔵庫に入れる。食べる時に再び砂糖（分量外、適量）をまぶしても。

心おどらせる華やかな色彩のボードに
きらめくクランベリーとローズマリーの
砂糖漬けを添えるだけで
雪の降る風景が生き生きと
よみがえります

AROUND THE

CHRISTMAS BRIE BOARD

心あたたまる
クリスマスブリーチーズボード

ホカホカでとろけるようなブリーほど心あたたまるものはありませんよね。ここでは甘いクランベリーコンポートを加えて、クリスマスプレゼントのようにパイ生地で包んでホリデーらしさを演出しました。バゲットを添えてそのままテーブルに出しても完璧なのですが、クラッカーや数種類のチーズ、その他のつけあわせと一緒にボードに盛れば、パーティの主役に！ ホリデーシーズンにぴったりの前菜が、たった１枚のボード上に完成します。

Shopping List
材料

チーズ

- クランベリーウェンズリーデール
- ホワイトチェダー

肉類

- プロシュート

フルーツ、ハーブ

- ザクロ
- ラズベリー
- 赤ブドウ
- ローズマリー

パン、クラッカー、ナッツ

- バゲット
- シナモンクッキー（またはクラッカー）
- クランベリーとヘーゼルナッツのクリスプ
- アーモンド（皮なし、マルコナ、またはキャンディピーカンナッツ）

その他

- ホリデーベイクドブリー（作り方 P41）
- クランベリーの砂糖漬け（作り方 P37）
- ドライオレンジ
- ドライクランベリー
- ハチミツ
- チェリージャム（あればスパイス入り）

BUILD IT
盛りつけ方

1. 下準備をする

クランベリーの砂糖漬けはボードを作る2日前までに作っておく。ホリデーベイクドブリーを作る。すべてのフルーツとハーブは洗って水けを切る。ザクロは小さめに切る。チェダーは一部をチーズナイフの先端でひと口サイズに刻む。バゲットはスライスする。ジャムとハチミツはそれぞれ小さな器に入れる。

2. 盛りつける

チェダー①とクランベリーウェンズリーデール②を、ホリデーベイクドブリーのスペースをあけておきつつ、ボードの端の方にのせる。ジャム③とハチミツ④の器を置く。プロシュート⑤を折りたたみ、あいたスペースに差し込む。バゲット⑥、クリスプ⑦、クッキー⑧をそれぞれ重ねて置く。ブドウの小房2～3個⑨とラズベリー⑩をのせる。すきまをアーモンド⑪とザクロ⑫で埋める。ホリデーベイクドブリー⑬が冷めたら、あけておいたスペースに置く。クランベリーの砂糖漬け⑭、ドライフルーツ⑮、ローズマリー⑯を飾る。

盛りつけたら…

すぐにテーブルへ。

HOLIDAY BAKED BRIE
ホリデーベイクドブリー

クランベリーコンポート、ハチミツ、歯ごたえのよいピーカンナッツの甘味と、バターのようなとろりとしたブリーの塩味が、キツネ色のパイ生地に包まれて、最高のコンビネーションを発揮します。

できあがりの分量：6人分
調理時間：45分

材料：
- ・パイ生地（冷凍）　1枚
- ・ブリー　1個（225g）
- ・ピーカンナッツ（刻んだもの）　1/4カップ
- ・クランベリー　1カップ分
- ・ローズマリー　小枝2本
- ・タイム　小枝3～4本
- ・レモンの皮（すりおろしたもの）　小さじ1/2
- ・クランベリージュース　1/2カップ
- ・レモンジュース　小さじ2
- ・ハチミツ　大さじ2（クランベリーソース用）＋適量（ホリデーベイクドブリー用）
- ・打ち粉★1、溶き卵★2　各適量

★1：できればパイ生地と同じ種類の粉を用意。
★2：卵黄（1個分）と水（小さじ1）を混ぜて作る。

1. 下準備をする：
天板にオーブンシートを敷く。
パイ生地を冷蔵庫から出して、パッケージの指示どおりに解凍する。

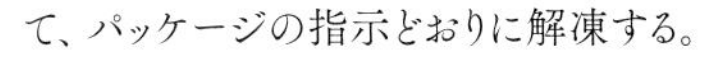

2. クランベリーソースを作る：
ⓐ小鍋にクランベリーとクランベリージュース、ハチミツを入れ、中火にかけてかき混ぜ、沸騰しない程度に煮たったら、弱火にしてさらに煮る。
ⓑローズマリー、タイム、レモンジュース、レモンの皮を加え、表面がポンっと弾けるまで、とろ火で8～10分煮る。味見をして、さらにハチミツ（分量外、適量）を加えてもOK。
ⓒローズマリーとタイムを取り出し、ボウルに移して冷ます。

3. ホリデーベイクドブリーを作る：
ⓐ作業台（こね台など）に打ち粉をして、パイ生地を3mmの厚さになるまでめん棒でのばす。
ⓑパイ生地の中央にブリーを置き、表面に2のクランベリーソースを薄く広げる。
ⓒピーカンナッツをまぶし、ハチミツを軽くたらす。
ⓓ溶き卵をパイ生地の縁に塗り、縁を折り返してブリーを完全に包む。余分なパイ生地を切り落とす。あまったパイ生地で星や雪の結晶を形作り、パイの上に飾ってもOK。
ⓔ1の天板にのせ、表面と側面に溶き卵を塗る。
ⓕ冷蔵庫で30分から1時間ほど冷やす（冷やすと、焼いた時に形が崩れにくくなり、食感もさらによくなる）。
ⓖ180℃に予熱したオーブンで30～35分焼く。まんべんなくキツネ色になるように、途中で天板の向きを180度変えて焼く。星などの飾りをつけた場合は、天板の向きを変えた時に、焦げないようにアルミホイルで覆うとよい。
ⓗオーブンから天板ごとパイを取り出し、10分ほど冷まして粗熱を取る。

AROUND THE

ANTIPASTO CHARCUTEWREATH

華を添える
アンティパストとシャルキュトリーのリース

おいしい前菜アンティパストとシャルキュトリーでリースを作れば、簡単にホリデーシーズンらしい華やかさを演出できます。この「食べられるリース」の食材選びとデザインに制限はありません。甘味と塩味、手の込んだものと簡単に作ったものなど、いろいろミックスしてもOKです。このリースは、数種類のイタリア産チーズ、肉類、そしてオリーブショップで見かける食材から、わたしの大好きなオリーブ、アーティチョーク、赤ピーマンを選び、摘みたてのローズマリーで作ったベッドの上に並べています。

Shopping List
材料

チーズ

- ブリー（ここでは1個110g）
- ゴルゴンゾーラ
- チリエジーネ*

肉類

- カピコラ
- ソプレッサータ

ハーブ

- ローズマリー（摘みたて、ここでは90g）
- 好みにあわせて：ハーブ（好みのもの、摘みたて）

パン、ナッツ

- バゲット（またはイタリアのパン）
- アーモンド（皮なし、マルコナ）
- ピスタチオ

その他

- アーティチョークのマリネ
- オリーブ
- ミニパプリカのマリネ
- クランベリーの砂糖漬け（作り方 P37）
- 好みにあわせて：前菜向きの食材

*ひと口サイズのフレッシュモッツァレラチーズ。

BUILD IT
盛りつけ方

1. 下準備をする

クランベリーの砂糖漬けはボードを作る2日前までに作っておく。ハーブは洗って水けを切る。バゲットはスライスする。

2. 盛りつける

丸いボードの縁に小さな器を数個置く（ここでは4個）。ローズマリーと好みにあわせてその他のハーブ①を器の間に盛りつける。器にアーティチョークのマリネ②、オリーブ③、ミニパプリカのマリネ④、好みにあわせてその他の前菜をそれぞれ盛る。ブリー⑤とゴルゴンゾーラ⑥を置く。チリエジーネ⑦を3か所ほどに3個ずつまとめて盛る。ソプレッサータ⑧とカピコラ⑨を折りたたんで重ね、それぞれ盛りつける。2枚重ねたバゲット⑩、アーモンド⑪、ピスタチオ⑫をそれぞれ盛る。好みにあわせて摘みたてハーブですきまを埋める。クランベリーの砂糖漬け⑬を飾る。

盛りつけたら…

すぐに、またはラップで覆って20～30分冷蔵庫で冷やしてから、おかわり用に別の器に盛った残りのバゲットと一緒にテーブルへ。

摘みたての香り豊かな
美しいローズマリーが土台となり
リースを生き生きと演出してくれます

おすすめのアレンジアイデア

甘味と塩味、様々な大きさ、手の込んだものと簡単に作ったものなど、多種多様なアイテムを盛りあわせれば、魔法のように簡単に、ホリデーシーズンらしい華やかなボードやリースを作ることができます。ここではさらに多彩なアイデアを紹介します。

甘いもの×チーズ

甘い食材と熟成が進んで豊かな味わいのチーズを組みあわせれば、意外性にあふれた美しくておいしいホリデーデザートのできあがり。

- ブリー
- クランベリーウェンズリーデール
- ブルーチーズ
- プロシュート
- ラズベリー
- ドライオレンジ
- クランベリーの砂糖漬け
- ピーカンナッツの砂糖漬け
- トリュフチョコレート
- ミルクチョコレート（またはダークチョコレート）
- ジンジャーブレッドクッキー
- ハチミツ

赤×白

赤と白の色をした食材を集めてボードを作っても。赤と白を交互に組みあわせて配置することで、キャンディステッキのような楽しい雰囲気を演出できます。

- クランベリーシェーブル
- ブリー（ひと口サイズ）
- サラミ
- 赤いベリー
- 赤ブドウ
- アーモンド（マルコナ）
- クランベリーの砂糖漬け
- ホワイトチョコレートプレッツェル
- サンタや雪だるまの形をしたホリデークッキー
- 小さなキャンディステッキ

子どもと一緒に作る

星やツリーなどクリスマスモチーフの抜き型を用意し、チーズを型抜きして盛りつけるなど、子どもと一緒に楽しみながらボードを作ってみては？

- ハバティ
- ホワイトチェダー
- サラミ
- ブドウ
- イチゴ
- ラズベリー
- アーモンド
- プレッツェル
- ジンジャーブレッドクッキー
- デコレーションしたクッキー

AROUND THE

BOARD-AMENT

聖なる夜に捧げる
クリスマスチーズツリーボード

クリスマスツリーの飾りにヒントを得たのがこのボードです。ツリーに飾りつけられたら、どんなに楽しいことでしょう。このボードを作るには、まず色彩と、ストライプや水玉模様などのパターンを決めましょう。次に、冬の食材とホリデーシーズンならではの特別なお菓子などを使って作っていきましょう。円形のボードの隅々までたっぷり盛りつけて、ハンドルにリボンを結びつければ、クリスマスらしい華やかなボードの完成です。

Shopping List
材料

チーズ

- クランベリーシェーブル（作り方 P49、市販品でも可）
- マンチェゴ（またはゴーダ）
- ハバティ

肉類

- ハードサラミ

フルーツ

- 赤いフルーツ（ザクロの種、チェリー、ラズベリー、赤ブドウなど）

クラッカー、ナッツ

- クリスマスクラッカー*
- サンタや雪だるまの形のクッキー
- アーモンド（皮なし、マルコナ）
- ピスタチオ（殻なし）

その他

- コルニッションのピクルス
- チェリージャム（あればスパイス入り）
- クランベリーの砂糖漬け（作り方 P37）

*星やツリー、雪の結晶の形をしたクラッカー。

BUILD IT
盛りつけ方

1. 下準備をする
クランベリーの砂糖漬けはボードを作る2日前までに作っておく。クランベリーシェーブルを作り（用意し）、5mm厚に数枚切る（クッキーの抜き型を使ってもOK）。フルーツは洗って水けを切る。マンチェゴは三角形にスライスにする。ハバティは立方体または直方体に切る。サラミはスライスする。アーモンド、ジャム、ピクルスはそれぞれ小さな器に入れる。

2. 盛りつける
写真のように、ボードの中央にアーモンド①、ジャム②、ピクルス③を、その上下にマンチェゴ④、クランベリーシェーブル⑤、ハバティ⑥をそれぞれ横1列に盛りつける。同様に、サラミ⑦、赤いフルーツ⑧、クラッカー⑨、クッキー⑩、ピスタチオ⑪もそれぞれ並べる。クランベリーの砂糖漬け⑫を飾る。

盛りつけたら…
すぐに、またはラップで覆って20～30分冷蔵庫で冷やしてからテーブルへ。

クリスマスツリーの
飾りのようなチーズボードは
みんなが集まる
ホリデーシーズンの
テーブルに
斬新な驚きと楽しさを
加えてくれます。
ほら、クリスマスソングが
聞こえてきましたよ！

RECIPE

CRANBERRY CHÈVRE
クランベリーシェーブル

クランベリーシェーブルは、アメリカでは秋から冬にかけて、たいていの食料品店で購入できますが、ここでは簡単なレシピを紹介します。

できあがりの分量：225g（チーズ1本分）
調理時間：15分

材料：シェーブル（バトン形）　1本（225g）
ドライクランベリー　1カップ
シナモン（すりつぶしたもの）　適宜

1. シェーブルをパッケージから取り出し、そのまま10分ほど置いて室温に戻す。
2. クランベリーを粗く刻む。好みにあわせてシナモン（小さじ1/2）を加えて混ぜあわせる。
3. 作業台にオーブンシートを敷き、シェーブルの側面の面積より広くなるように2のクランベリーを広げる。
4. 1のシェーブルを3のクランベリーの上にそっと転がし、クランベリーでシェーブルの表面をまんべんなく覆う。表面にムラができている場合は、指でクランベリーを押しあてるようにして、クランベリーでシェーブルを覆う。

AROUND THE

POP, FIZZ, CHEESE BOARD

黄金のきらめきに乾杯！
シャンパーニュチーズボード

断言しましょう。シャンパーニュとチーズと一緒に迎える新年にまさるものはありません。このボードはシャンパーニュと楽しむのにぴったりのおいしいものが満載。友達や家族とにぎやかに過ごす年の瀬が好きだという人もいれば、心地よいソファにすわって静かに新年が明けるのを待ちたいという人もいるでしょう。いずれにしても、このボードは最高のパートナーになってくれます。

Shopping List
材料

チーズ

- ゴルゴンゾーラドルチェ
- パルミジャーノレッジャーノ
- トリプルクリームチーズ（サンタンドレなど）

肉類

- プロシュート
- トリュフサラミ

フルーツ、ハーブ

- 洋ナシ
- ザクロの種
- ラズベリー
- セージ

パン、クラッカー、ナッツ

- グリッシーニ
- イチジクとオリーブのクリスプ
- キャンディピーカンナッツ
- タラリクラッカー＊
- トリュフアーモンド（皮なし、マルコナ）

その他

- 黄緑のブドウの砂糖漬け（作り方 P37 クランベリーとローズマリーの砂糖漬け参照）
- ドライオレンジ
- ダークチョコレート（タブレット）
- ボンボンショコラ（またはクリスマスクッキーなどのお菓子）
- ラズベリージャム
- ハチミツ
- コームハニー

＊かためにに焼いたイタリアの伝統菓子。

BUILD IT
盛りつけ方

1. 下準備をする

ブドウの砂糖漬けはボードを作る2日前までに作っておく(シロップをシャンパーニュかプロセッコにかえて、ブドウをさらに15〜30分長めに漬け込んでおくのもおすすめ)。すべてのフルーツとハーブは洗って水けを切る。パルミジャーノは一部をチーズナイフの先端でひと口サイズに刻む。サラミと洋ナシはスライスする。ジャムとハチミツはそれぞれ小さな器に入れる。

2. 盛りつける

写真のように、パルミジャーノ①、トリプルクリームチーズ②、ゴルゴンゾーラ③をボードの端の方に置く。ジャム④とハチミツ⑤をのせる。ブドウの砂糖漬け⑥の小房2〜3個、ラズベリー⑦、洋ナシ⑧をそれぞれ積み重ねて盛りつける。プロシュート⑨を折りたたみ、あいたスペースに差し込む。サラミ⑩を扇状または積み重ねて盛りつける。クラッカー⑪、クリスプ⑫、グリッシーニ⑬、ボンボンショコラ⑭を、それぞれまとめて盛る。あいたスペースにチョコレート⑮をのせる。すきまをザクロの種⑯、アーモンド⑰、ピーカンナッツ⑱で埋める。ゴルゴンゾーラの上にコームハニー⑲を飾る。すきまを埋めるように、ドライオレンジ⑳とセージ㉑を飾る。

盛りつけたら…

すぐに、またはラップで覆って20〜30分冷蔵庫で冷やしてからテーブルへ。

スパークリングワインとチーズのペアリング

ワインとチーズのペアリング同様、スパークリングワインとチーズのペアリングも、風味のバランスと食感、口あたりを決定づけるため、とても重要です。バランスのよいペアリングが生まれると、それぞれが高めあい、このうえない味わいを楽しむことができます。スパーリングワインとチーズのペアリングに厳密なルールはなく、好みにあわせてOKですが、よりよく組みあわせるには、次の点に注意するとよいでしょう。

1 スパークリングワインはチーズより酸味の強いタイプを選ぶ
たとえば軽い刺激のあるクリーミーシェーブルに代表されるように、シェーブルはブリーよりも強い酸味があります。そのため、カヴァと好相性です。

2 スパークリングワインはチーズより甘味のあるタイプを選ぶ
アスティスプマンテやスカートダスティのような甘いスパークリングワインをイングリッシュチェダーやゴーダのような甘味のまさるタイプとあわせると、ワインがチーズの風味に負けてしまいます。ブルーチーズのように際だつ塩味であれば相性は完璧です。

食感や口あたりに関しては、一般にスパークリングワインの泡だちはクリーミーなチーズやハードチーズに負けずに存在感を発揮します。しかしチーズの食感は、そのペアリングが口内で展開する味わいに大きく影響する場合もあります。様々なペアリングを試してみましょう。そのなかで、こってりとしたトリプルクリームチーズをひと口食べたあと、シャンパーニュの泡の「洗い流す」ような感覚が、口のなかをどう変化させるかにも注目してみてください。また、シャンパーニュとかたいグリュイエールをあわせると、泡がワインの風味に対してひかえめになることもチェックしてみましょう。

ここでは完璧なペアリングをいくつか紹介します。

シャンパーニュと

カマンベール
ハードチーズ
（グリュイエールやコンテ、
プレザントリッジリザーブなど）
ウォッシュチーズ（エポワスなど）

プロセッコと

熟成ゴーダ
パルミジャーノレッジャーノ
グラナパダーノ
トリプルクリームチーズ（サンタンドレなど）
ロビオラ★

カヴァと

ブリー
カマンベール
羊乳チーズ（マンチェゴ、オッソーイラティなど）
ソフトタイプのシェーブル

アスティスプマンテと

ゴルゴンゾーラドルチェ
ブルーチーズ

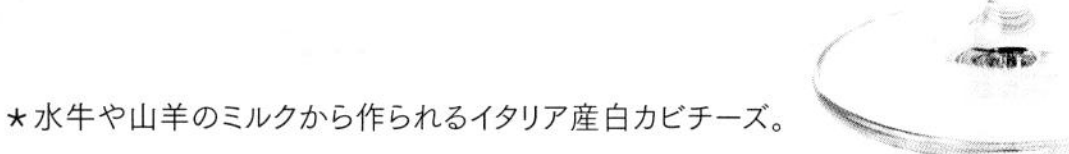

★水牛や山羊のミルクから作られるイタリア産白カビチーズ。

Lotus

AROUND THE

NEW YEAR'S EVE DESSERT BOARD

新しい年へ
ニューイヤーズイブのデザートボード

さあ、新年へのカウントダウンがはじまりますよ！ 甘いお菓子と塩味の食材をたっぷり盛りつけた、独創的なデザートボードを味わいながら新年を迎えませんか？ このボードの主役はチョコレートですが、食材選びに制限はないので、家族の好きなものを使って、誰もが楽しめるボードを作りましょう。

Shopping List
材料

チーズ

- 熟成チェダー
- ブリー
- ベラヴィターノエスプレッソ

フルーツ

- ラズベリー

パン、焼き菓子

- チョコレートプレッツェル
- ビスケット（ビスコフなど）
- ウエハース（ピルエッテなど）
- ショートブレッド
- ストロープワッフル

その他

- チョコディップストロベリー＆オレンジ（作り方 P57）
- キャラメルチョコレート
- エスプレッソビーンズチョコレート
- チョコレート（フェレロロシェなど）
- マシュマロ
- ピーナッツバターカップ
- 好みにあわせて：お菓子あれこれ、紙（かためのもの）、割りピン

BUILD IT
盛りつけ方

1. 下準備をする

ベリー類は洗って水けを切る。チョコディップストロベリー＆オレンジを作る。チェダーはスライスする。ベラヴィターノは一部をチーズナイフの先端でひと口サイズに刻む。好みにあわせてボードに飾る時計の針を、かための紙と割りピンで作る（子どもと一緒に楽しみながら作ってみては）。

2. 盛りつける

写真のように、チェダー①、ベラヴィターノ②、ブリー③をボードの端の方に置く。チョコレートプレッツェル④とビスケットなどのお菓子⑤をそれぞれ重ねて盛りつける。ラズベリー⑥、チョコディップストロベリー＆オレンジ⑦を積み重ねて盛る。エスプレッソビーンズチョコレート⑧、キャラメルチョコレート⑨、チョコレート⑩、ピーナッツバターカップ⑪、マシュマロ⑫、好みにあわせてその他のお菓子ですきまを埋める。好みにあわせて時計の針を中央に飾る。

盛りつけたら…

すぐにテーブルへ。

BLACK & WHITE CHOCOLATE-DIPPED CLEMENTINES & STRAWBERRIES

チョコディップストロベリー＆オレンジ

定番のひと品ですが、ダークチョコレートとホワイトチョコレートの２種類を使うことで、心浮きたつ年の瀬の雰囲気を演出しました。

できあがりの分量：イチゴ450gとオレンジの小房６～８個
調理時間：45分

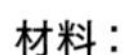

材料：

- イチゴ　450g
- オレンジ　６～８房
- ダークチョコレート（製菓用）　400g
- ホワイトチョコレート（製菓用）　400g
- フレーキーシーソルト*　適量

1. 下準備をする：
   ⓐ大きめのバットを２枚用意し、オーブンシートを敷く。
   ⓑオレンジの皮をむいて薄皮と白い筋を取り除き、小房に分ける。イチゴを洗い、ペーパータオルの上に置いて水けを切る。
   ⓒ２種類のチョコレートをパッケージの指示に従って溶かす。

2. チョコディップオレンジを作る：
   ⓐオレンジの房の先端をそっと持ち、房の斜め半分をダークチョコレートに浸してコーティングする。余分なチョコレートをチョコレートのなかに落としたら、1-ⓐのバットに並べて乾かす。オレンジの半量を同様にコーティングしていく。
   ⓑチョコレートが乾きかけてきたら、塩をチョコレート部分にまぶし、完全に乾くまで置いておく。
   ⓒⓐ～ⓑと同様にして、残りのオレンジをホワイトチョコレートに浸して乾かす。好みにあわせてダークチョコレートだけコーティングしても。
   ⓓチョコレートが完全に乾いたら、密封容器に入れて冷蔵庫で保存する（早めに消費すること）。

3. チョコディップストロベリーを作る：
   ⓐイチゴのへた部分を持ち、実の斜め3/4ほどをホワイトチョコレートに浸してコーティングする。2-ⓐと同様に余分なチョコレートを落として乾かす。残りも同様にチョコレートをコーティングして乾かす。チョコレートを二度コーティングしても（さらに見栄えがよくなる）。
   ⓑチョコレートが乾いたら、3-ⓐと反対側の斜め3/4ほどをダークチョコレートでコーティングする。この時、実の先は、２種類のチョコレートが重なりあうようにする。
   ⓒ1-ⓐのバットに並べて完全に乾かしたら、密封容器に入れて冷蔵庫で保存する（早めに消費すること）。

*結晶塩。

AROUND THE

SNOW DAY FONDUE BOARD

ぬくもりに満ちた
雪の日のチーズフォンデュボード

フォンデュをはじめて食べた頃の思い出というと、小学生の時に友達のお母さんが開いてくれたフォンデュパーティが心に浮かびます。キッチンに様々な種類のフォンデュが置かれ、無限とも思えるほど多くの具材が並んでいて、まさに夢のようでした。でも何よりも楽しかったのは、ぬくもりに満ちた心地よい雰囲気。友達とみんなでフォークを持ってあたたかいフォンデュポットのまわりに集まり、様々な具材とソースの新しい組みあわせを試しながら過ごしました。このフォンデュボードは、あの時の心地よい思い出がヒントになっています。雪の降る寒い日に親しい人たちと集う時の、とっておきレシピです。

Shopping List
材料

チーズ

- スイスフォンデュ
（作り方 P61、市販品でも可）

肉類

- ハードサラミ
- ハム
- ローストナキン
- ローストビーフ
- スモークソーセージ

パン、ナッツ

- ハードパン
- プレッツェル
- ミックスナッツ

フルーツ、野菜、ハーブ

- 青リンゴ
- 赤ブドウ
- アスパラガス
- 茎ブロッコリー（またはブロッコリー）
- ニンジン
- ラディッシュ
- ローズマリー
- スプラウト

その他

- コルニッションのピクルス

道具

- フォンデュセット

BUILD IT
盛りつけ方

1. 下準備をする

すべての野菜とフルーツ、ハーブは洗って水けをふき取り、それぞれ好みの形とサイズに切る。肉類とパンはひと口サイズに切る。スイスフォンデュを作る(用意する)。

2. 盛りつける

スイスフォンデュ⑭を置く場所を確保しながら、肉類①を盛りつける。ラディッシュ②、ニンジン③、アスパラガス④、ブロッコリー⑤をそれぞれまとめて盛っていく。パン⑥とプレッツェル⑦を盛る。ブドウの小房⑧を2～3個、リンゴ⑨をのせる。ミックスナッツ⑩とピクルス⑪ですきまを埋める。ローズマリー⑫とスプラウト⑬を飾る。スイスフォンデュ⑭を置く。

盛りつけたら…

すぐにテーブルへ。

ナッツのような
風味が際だつ本格的な
スイスフォンデュは
塩のきいた食材の味を
引きたててくれます

RECIPE

SWISS FONDUE
スイスフォンデュ

昔ながらの材料で作る正統派のレシピ。なめらかでナッツの風味が際だつフォンデュができあがります。

できあがりの分量：6～8人分
調理時間：25分

材料：
・グリュイエールチーズ　340g
・エメンタールチーズ（または他のスイスチーズ）　340g
・ニンニク（縦半分に切ったもの）　1片分
・白ワイン（辛口）　1カップ
・コーンスターチ　大さじ1と1/2
・自然塩、黒こしょう（挽きたて）　各適量
・キルシュ、ナツメグ（すりおろし）　各適宜

1. 中ぐらいのボウルに2種類のチーズをすりおろして混ぜあわせる。
2. 耐熱フォンデュポットにニンニクの切り口をこすりつける。強いニンニク風味が好みなら、そのままニンニクをポットに入れても（耐熱フォンデュポットがない場合、小鍋で作り、できあがったらフォンデュポットに移す）。
3. フォンデュポットにワインとコーンスターチを入れて中火にかけ、時々かき混ぜてなめらかになるまで加熱する。
4. 1のチーズを少量加えてかき混ぜ、完全に溶けたらさらに少しずつ加えていく。これを繰り返し、なめらかなソースを作る。
5. チーズが完全に溶けたら、好みにあわせてキルシュ（大さじ1と1/2）を加えてかき混ぜる。
6. 塩とこしょう、好みにあわせてナツメグ（ひとつまみ）を加える。

AROUND THE

ALL ABOUT CHARCUTERIE BOARD

シャルキュトリーが大集合!
シャルキュトリーボード

シャルキュトリーとはフランス語で食肉加工食品のこと。ベーコンやハム、ソーセージ、生ハムやサラミなどを指します。ボードの主役といえば通常はチーズですが、このボードではシャルキュトリー。スポットライトにおどり出るメインキャストです。

Shopping List

材料

チーズ

- 白カビチーズ（ブリー、カマンベールなど）①
- グリュイエール②
- プチバスク③

肉類

- ブレザオラ④
- カピコラ⑤
- ハードサラミ⑥
- プロシュート⑦
- ソプレッサータ⑧

フルーツ、ハーブ

- ブラックベリー⑨
- 洋ナシ⑩
- 赤ブドウ⑪
- ローズマリー⑫
- セージ⑫

クラッカー

- 薄焼きクラッカー⑬
- フルーツナッツクリスプ⑭

その他

- コルニッションのピクルス⑮
- ドライフルーツ（クランベリー、チェリー、アプリコットなど）⑯
- オリーブ⑳
- イチジクジャム⑰
- 粒マスタード⑱
- ハチミツ⑲

1. 下準備をする　これまでのボードと写真を参考にそれぞれの材料を準備する。

2. 盛りつける　写真のように盛りつける。

盛りつけたら…　すぐに、またはラップで覆って20～30分冷蔵庫で冷やしてからテーブルへ。

WINTER BRUNCH BOARD

心が浮きたつ
冬のブランチボード

何かと落ち着かないホリデーシーズンがひと段落すると、憂鬱な冬がどっしりと腰をおろします。そんな時こそ、おいしい冬のブランチの出番です！ 心が浮きたつようなボードにするには、軽めでクリーミーなチーズと焼きたてのペストリー、そして旬のフルーツを組みあわせるのがコツです。

Shopping List
材料

チーズ

- クランベリーシェーブル（作り方 P49、またはシェーブルハニー）①
- フロマジェダフィノワ*（またはクリーミーな白カビチーズ）②

肉類

- プロシュート③

パン

- ペストリー（焼きたて、クロワッサンやデニッシュなど）④

フルーツ、ハーブ

- 柑橘類（オレンジやグレープフルーツなど）⑤
- ラズベリー⑥
- イチゴ⑧
- ローズマリー⑦
- セージ⑦

その他

- ラズベリージャム⑪
- クレームフレッシュ⑨
- ハチミツ⑩

*クリーミーなフランス産白カビチーズ。

1. 下準備をする　これまでのボードと写真を参考にそれぞれの材料を準備する。

2. 盛りつける　写真のように盛りつける。

盛りつけたら…　すぐにテーブルへ。ブランチにあう好みのドリンクを添えて。

AROUND THE

VALENTINE'S DAY SWEETHEART BOARD

ロマンティックなひと時に
バレンタインデースウィートボード

バレンタインデーには、どんな夜を過ごしたいでしょうか？ どんな夜でも食欲をそそるチーズと甘いチョコ、そしてバレンタインデーならではのごちそうを盛りつけたロマンティックなボードで、さらに甘いひと時を演出してみませんか？ ここでは大切な人と楽しむ、ブリーが主役のボードを紹介します。

Shopping List
材料

チーズ

- ゴーダシェーブル①
- ブリー②
- 熟成チェダー③

肉類

- プロシュート④
- ソプレッサータ⑤

フルーツ、ハーブ

- チェリー⑥
- ラズベリー⑦
- イチゴ⑨
- セージ⑧

焼き菓子、ナッツ

- イチジクとオリーブのクリスプ⑩
- マカロン（またはクッキー、ビスコッティなど）⑪
- アーモンド（皮なし、マルコナ）⑫

その他

- チョコレート⑬
- ハチミツ⑭
- イチゴジャム⑮

1. 下準備をする　これまでのボードと写真を参考にそれぞれの材料を準備する。

2. 盛りつける　写真のように盛りつける。

盛りつけたら…　すぐに、またはラップで覆って20～30分冷蔵庫で冷やしてからテーブルへ。

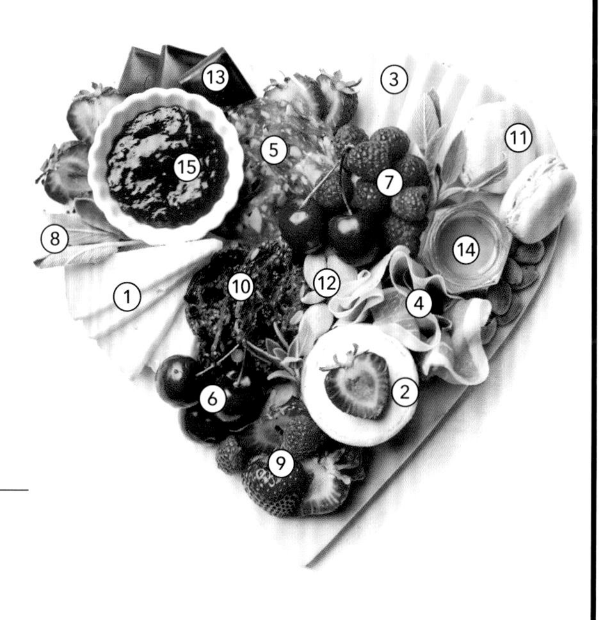

AROUND THE

VALENTINE'S DAY CHOCOLATE FONDUE BOARD

ハッピーバレンタイン！
チョコレートフォンデュボード

わたしの愛してやまないフォンデュのすべてを取り入れ、チョコレートファンが大喜びしそうなボードを作りました。チョコレートフォンデュをよりおいしくするコツは、上質なチョコレートを選び、おいしいスイーツと塩味の食材を様々に取りそろえることです。写真のようにプレートに盛りつけても。

材料

フルーツ

- ラズベリー①
- イチゴ②

パン

- プレッツェルスティック（またはグリッシーニなどの塩味があって歯ごたえのよいもの）③

道具

- フォンデュセット

スイーツ

- エンジェルフードケーキ＊④
- ブラウニー（ひと口サイズ）⑤
- チョコレート菓子（エスプレッソビーンズチョコレート、チェリー、レーズン、ナッツなどをチョコレートでコーティングしたもの）⑥
- チョコレートプレッツェル⑦
- チョコレート（製菓用）⑧
- チョコレート（細かく刻んだもの）⑨
- マシュマロ⑩
- オレオクッキー⑪
- クッキー（ストロープワッフルなど）⑫

★卵黄なしで作るスポンジケーキ。

1. 下準備をする　チョコレート（製菓用）は溶かして小さな容器に入れる。そのほかの材料はこれまでのボードと写真を参考に準備する。

2. 盛りつける　写真のように盛りつける。

盛りつけたら…　すぐにテーブルへ。

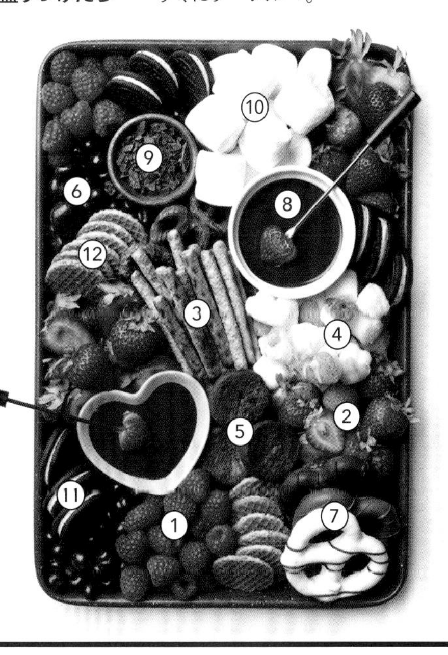

Spring

Chapter

3

春のボード

Your Spring Pantry

春のパントリー

春は楽しいことがいっぱい。一日が長くなり、日ごとにあたたかくなっていき、花々が咲いて緑が再び顔を出します。そして新鮮な野菜やフルーツがキッチンに戻ってきます。
春は新しいチーズと出会う季節でもあります。牛も山羊も羊も、新芽が生い茂る牧草地に再び帰ってきて、シェーブルやリコッタなどの新鮮なチーズが生まれます。そして前の年に作られたチーズはすっかり熟成し、ナッツのような風味を帯びてきます。
春ならではの彩りと風味のある食材は、鮮やかでおいしいボードを作る絶好のチャンスを無限に生み出すだけでなく、休暇やピクニックなど、春に楽しみたいあらゆるイベントをひと味違うものにしてくれます。さあ、春の主役を演じる食材に目を通してみましょう。

フルーツ、野菜、ハーブ

アプリコット
ブラックベリー
ブルーベリー
クレメンティンオレンジ
ゴールデンベリー★1
グレープフルーツ
ブドウ
キンカン
レモン
ラズベリー
イチゴ
アスパラガス
茎ブロッコリー
ニンジン
キュウリ（理想はミニキュウリ）
エディブルフラワー
フレッシュハーブ

チーズ

ブリー
カマンベール
チェダー
シェーブル
コンテ
白カビチーズ
エルダーフラワーチェダー★2
エディブルフラワーがまぶされたセミハードチーズ
ゴーダシェーブル
グリュイエール
トリプルクリームチーズ
オッソーイラティ（またはエスキーロウ）
プレザントリッジリザーブ
リコッタ
ロビオラ

その他

アプリコットジャム
ブラックベリージャム
ラズベリージャム
イチゴジャム
グリーンオリーブ（カステルベトラーノなど）
コルニッションのピクルス
ドライアプリコット
アーモンド（マルコナなど）
ピスタチオ
ハーブクラッカー
フルーツナッツクリスプ
ジンジャースナップクッキー
ハチミツ
コームハニー
レモンカード

★1：食用ホオズキ。
★2：ニワトコの花が入ったチェダーチーズ。

AROUND THE

SPRING PAIRINGS BOARD

春景色をめでる 春のペアリングボード

春と聞いて思い浮かぶのは、新鮮で香りのよい風味と彩りを備え、雲のように軽くて、野に咲くデイジーやライラックのように鮮やかでソフトな食材です。春に旬を迎える味わい豊かな食材をふんだんに使って、春の風景をボードに生き生きと表現してみました。

Shopping List

材料

チーズ

- エディブルフラワーがまぶされたセミハードチーズ（ジュリアンナ、アルプブロッサムなど）
- ハーブシェーブル★（作り方 P93、市販品でも可）
- オッソーイラティ（またはエスキーロウ）
- ブリー

肉類

- プロシュート
- サラミ

フルーツ、ハーブ

- ブラックベリー
- ブルーベリー
- ラズベリー
- イチゴ
- ローズマリー
- タイム

クラッカー、ナッツ

- 薄焼きクラッカー
- ローズマリーとレーズンのクリスプ
- ミックスナッツ
- ピスタチオ

その他

- コルニッションのピクルス
- グリーンオリーブ（カステルベトラーノなど）
- ハチミツ
- ラズベリージャム

★ハーブ入りシェーブチーズ、またはまわりにハーブがまぶされているシェーブルチーズ。

BUILD IT
盛りつけ方

1. 下準備をする

ハーブシェーブルを作る（用意する）。すべてのフルーツとハーブは洗って水けを切る。イチゴは縦半分に切る。オッソーイラティは三角形にスライスする。セミハードチーズは半分に切り、さらにその半分をスライスする（残りは取っておく）。サラミはスライスする。ジャムとハチミツ、ピクルスはそれぞれ小さな器に入れる。

2. 盛りつける

写真のように、オッソーイラティ①、セミハードチーズ②、ハーブシェーブル③、ブリー④をボードの端の方に置く。ジャム⑤、ハチミツ⑥、ピクルス⑦の器をのせる。イチゴ（ブリーに飾る1個分は残しておく）とラズベリー⑧、ブラックベリー⑨をそれぞれこんもり盛り、ブラックベリーの上にブルーベリー⑨を飾る。プロシュート⑩とサラミ⑪を折りたたみ、すきまに差し込む。クラッカー⑫とクリスプ⑬を積み重ねて盛る。オリーブ⑭、ピスタチオ⑮、ミックスナッツ⑯ですきまを埋める。ローズマリーとタイム⑰を飾る。ブリーの上にイチゴを飾る。

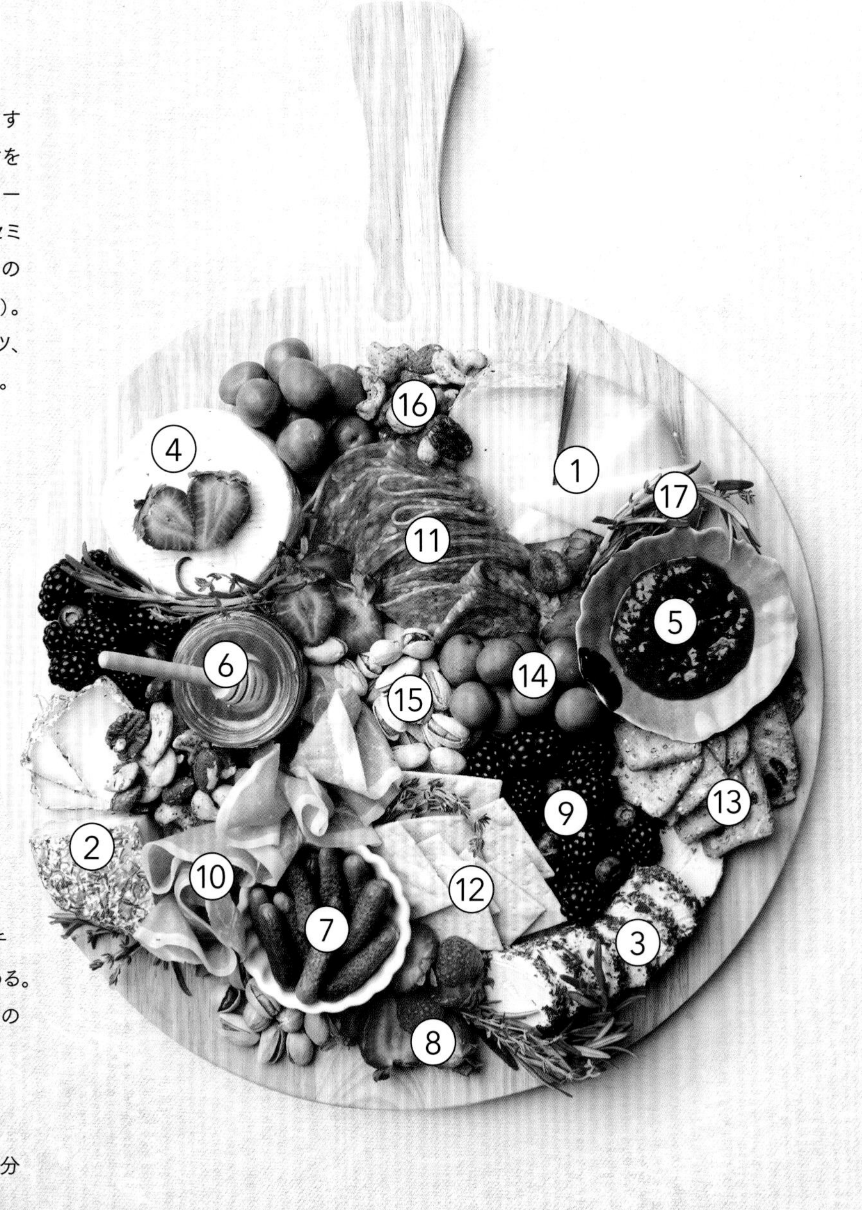

盛りつけたら…

すぐに、またはラップで覆って20〜30分冷蔵庫で冷やしてからテーブルへ。

春ならではの旬の組みあわせを楽しみつつ
新しいペアリングを探してみましょう。
きっと好みの組みあわせが見つかります

ペアリングあれこれ

クリーミーな食感とほどよい複雑味のチーズは、旬の食材との相性が抜群です。これらの組みあわせをバランスよくアレンジすれば、互いの風味を高めあって、ひと味違う新たなペアリングが生まれるでしょう。

ハーブシェーブルと

サラミ
ブラックベリー
薄焼きクラッカー

エディブルフラワーがまぶされたセミハードチーズと

プロシュート
ラズベリー
薄焼きクラッカー
ピスタチオ
ハチミツ

オッソーイラティと

サラミ
ミックスナッツ
グリーンオリーブ（カステルベトラーノなど）
ローズマリーとレーズンのクリスプ
ラズベリージャム

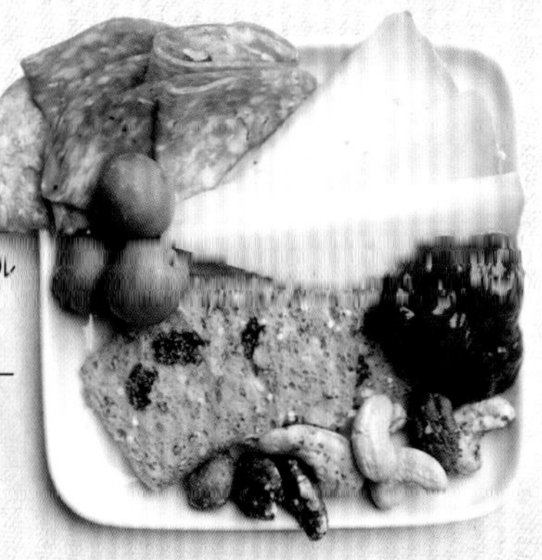

ブリーと

プロシュート
イチゴ
ラズベリー
ローズマリーとレーズンのクリスプ
ハチミツ

AROUND THE

SWEET AS HONEY BOARD

甘い香りに誘われる
スウィートハニーボード

ハチミツはチーズの相棒として優等生。それも当然の話です。複雑かつ甘い風味と美しい黄金色のハチミツは、クリーミーなチーズとシャルキュトリーの塩味と色彩、食感を引きたて、別次元へと高めてくれるのですから。しかもその方法は、ボード上に添えておくだけと、いたって簡単です。みんなの話題にのぼるような魅惑の風味を楽しみたいなら、旬を感じる春の味覚と様々なハチミツを組みあわせたこのボードのまわりに集合しましょう。

Shopping List
材料

チーズ

- セミハードチーズ（ベラヴィターノなど）
- コンテ
- ロックフォール（または好みにあわせてシェーブルやリコッタなど軽めのフレッシュチーズ）
- トリプルクリームチーズ（サンタンドレなど）

肉類

- プロシュート

フルーツ、ハーブ

- アプリコット
- チェリー
- ラズベリー
- イチゴ
- セージ

パン、クラッカー、ナッツ

- オートケーキ*（またはやや甘いビスケット）
- 薄焼きクラッカー
- ジンジャースナップクッキー
- ピスタチオ

その他

- ハチミツ２～３種類
- 好みにあわせて：コームハニー

*クラッカーやビスケットのようなフラットブレッドの一種。

BUILD IT
盛りつけ方

1. 下準備をする

すべてのフルーツとハーブは洗って水けを切る。イチゴとアプリコットは半分に切る。コンテは長方形にスライスする。セミハードチーズは一部をチーズナイフの先端でひと口サイズに刻む。ハチミツはそれぞれ小さな器に入れる。

2. 盛りつける

写真のように、ハチミツ①の器をボード中央にほぼ1列に並べる。コンテ②、トリプルクリームチーズ③、セミハードチーズ④、ロックフォール⑤をボードの端の方に置く。イチゴとラズベリー⑥、アプリコット⑦、チェリー⑧を数か所にこんもり盛る。プロシュート⑨を折りたたんで2か所に盛りつける。クラッカー⑩、オートケーキ⑪、クッキー⑫をそれぞれ扇状に重ねて盛る。ピスタチオ⑬ですきまを埋め、セージ⑭を飾る。好みにあわせてコームハニーをトリプルクリームチーズの上に飾っても。

盛りつけたら…

すぐに、またはラップで覆って20～30分冷蔵庫で冷やしてからテーブルへ。ハニーディッパーかスプーンを添えて。

ハチミツのペアリング

様々な産地のハチミツの複雑で個性的な風味を、いろいろな食材と組みあわせて味わってみませんか？ ハチミツの甘味の違いにも着目しましょう。

ハチミツ×チーズ

- ブリー
  ブリーには繊細で花のような風味のハチミツを。味の濃さが同程度なので、組みあわせるとバランスがよくなります。
- ブルーチーズ
  ブルーチーズには軽めで甘いハチミツを。味の濃さが対照的なので、互いの味を引きたてあう効果が生まれます。

ハチミツ×様々な食感の食材

多様な味だけでなく、様々な食感の食材も取り入れてみましょう。薄いもの、泡だてたもの、クリーミーなものなど、いろいろ試してみてください。ハチミツも数種類のハチミツやコームハニーを用意しても。

お客様にも新しい発見を

数種類のハチミツを用意して、お客様にも様々な組みあわせを楽しんでもらい、新しい発見をしてもらえたら素敵ですね。ハニーディッパーがあればハチミツをきれいにたらすことができるので、重宝します。

AROUND THE

LUCK OF THE IRISH BOARD

魔法のようにおいしい
至福のアイリッシュボード

3月17日はセントパトリックスデー。アイルランドにはじめてキリスト教を広めたアイルランドの守護聖人、聖パトリックの命日であり、その功績を祝う日。伝統的なアイルランド料理が振る舞われたり、虹のふもとに金貨の壺を隠しているというアイルランドの妖精レプラコーンが登場するお祝い行事が開催されたり、世界各地で盛大に祝われます。このボードの虹のふもとには、残念ながら金貨の詰まった壺はありませんが、カラフルなフルーツで作った虹やチリエジーネの雲など、ユニークなアイデアに満ちています。このボードを見れば、気難しいレプラコーンだって、魔法のようにおいしい！とうなずいてくれるはずです。

Shopping List
材料

チーズ

- チリエジーネ
- ホワイトチェダー（またはハバティ）

フルーツ

- ブラックベリー
- ブルーベリー
- オレンジ
（あればクレメンティンオレンジ）
- ゴールデンベリー
- 青リンゴ
- 黄緑ブドウ
- ラズベリー
- 赤ブドウ
- イチゴ

その他

- コイン形チョコレート

道具

- シャムロック形の
クッキーの抜き型

BUILD IT
盛りつけ方

1. 下準備をする
すべてのフルーツは洗って水けを切る。イチゴは縦半分に切る。リンゴは薄切りにする。オレンジは一部を横半分に切り、残りは皮をむいて小房に分ける。チェダーは抜き型で型抜きする。チリエジーネは小さな器を2つ用意して、それぞれに盛る。

2. 盛りつける
写真のように、イチゴ、赤ブドウ、ラズベリー①で虹の最上部の赤いアーチを、オレンジとゴールデンベリー②でオレンジ色のアーチ、黄緑のブドウとリンゴ③で緑のアーチ、ブラックベリーとブルーベリー④で青のアーチを作り、最後にチョコレート⑤をアーチ状に盛りつける。チリエジーネ⑥の器を雲のようにアーチの両端に置く。チェダー⑦をブドウとリンゴの上に飾る。

盛りつけたら…
すぐに、またはラップで覆って20～30分冷蔵庫で冷やしてからテーブルへ。

盛りつけのコツ：彩りの演出

ここで紹介しているボードだけでなく、これまで紹介してきたボードはどれも鮮やかな色彩です。これは決して偶然ではありません。ボード作りにおいて、良質な食材選びはもちろんのこと、色彩も大切な要素です。よくいわれるように、料理はまず目で楽しむものだからです。

チーズもシャルキュトリーも、とてもすばらしい食材です。しかし色が地味でフォルムは平面的であるため、単独でボードに盛りつけると、どうしても面白味のない印象になってしまいます。そこで活躍するのが鮮やかな色あいの食材です。フルーツなどの華やかな彩りの食材を加えることで、チーズやシャルキュトリーを生き生きと引きたてることができ、目で見ても、食べても、楽しくなるようなボードを生み出せます。

では色彩をうまく取り入れる方法は何でしょうか？ わたしがひとつの色を考える場合、赤いベリー類と赤っぽいサラミというように、フルーツからジャム、ナッツ、飾りの食材まで、同じ色あいのものでそろえます。これはチーズの色も同様です。

色彩選びは季節と場所、祝日の種類、パーティのテーマ、あるいは花束といった要素をヒントに考えるのがよいでしょう。買い物に行く前に、自分の作りたいボードの色彩プランを練っておき、プランにもとづいて食材を選びましょう。

色彩プランと食材選びは、ほんのはじまりにすぎません。先に学んだように（P20）、立体的で見る人を引きつけるボードを作る秘訣は、盛りつけの工夫にあります。ボードを作る時は、アクセントとなる色を随所に加えながら、各食材を盛りつけていきましょう。そうすることで、美しいボードに仕上げることができます。

色に関して何よりも心がけておきたいのは、喜びと楽しさを生み出すことです。厳しいルールはないので、創造力をとことん発揮して、思うままにボードを作ってみてください。

SPRING CRUDITÉS BOARD

華やかな宴にぴったり！
春野菜づくしのボード

祝いごとやパーティーの席に新鮮な野菜とディップで華を添えたい時がありますよね。春野菜づくしのボードは、そんな時にぴったりです。これまで紹介してきた盛りつけのコツ、つまり色彩や立体感に気をつけながら、多種多様な食材を使えれば、驚くほど簡単に作ることができます。スーパーの青果売り場で旬の野菜やフルーツをたっぷり仕入れてきましょう。ここでは少しおめかしして白いお皿に盛りつけています。

Shopping List
材料

野菜、ハーブ

- アスパラガス
- 茎ブロッコリー
- チェリートマト
- ニンジン
- キュウリ（あればミニキュウリ）
- 紫カリフラワー
- ラディッシュ
- スナップエンドウ
- ディル

その他

- フムス*
- クラッカー（またはピタパン）

*中東諸国で食されているひよこ豆のペースト。

BUILD IT
盛りつけ方

1. 下準備をする

野菜とフムスは盛りつけのコツ（P89）を参考に用意する。

2. 盛りつける

写真のように、フムス①を入れた器をボードの中央あるいは中央から少しずらした位置に置く。茎ブロッコリー②、ニンジン③、キュウリ④、カリフラワー⑤、スナップエンドウ⑥、トマト⑦、アスパラガス⑧、ラディッシュ⑨をそれぞれ盛りつける。ディル⑩を飾る。

盛りつけたら…

すぐにラッカーを添えてテーブルへ。テーブルに出すまで時間があるようなら、ラップで覆って冷蔵庫に入れておく。

crudités（クリュディテ）とは
生野菜の前菜を意味するフランス語。
ここでは、ディップを添えてみました

盛りつけのコツ：野菜とフムスの下準備

野菜

- すべての野菜は酢と水を1対4の比率で混ぜた液で洗います。
- ニンジンとラディッシュは葉と茎を取り除き、アスパラガスは下のかたい部分を切り取るなど、食べやすいように下ごしらえします。
- 野菜は形や大きさを工夫しながら切ると、見栄えが格段によくなります。たとえばラディッシュは、縦半分に切ったり、いくつかを切らずにもとの形のままにしておくという方法もあります。キュウリは輪切りと縦半分に切るという2つの切り方をするのもよいでしょう。
- 茎ブロッコリーとアスパラガスは、塩を加えたたっぷりの熱湯で2〜4分ゆでて、適度にやわらかくなってからザルにあげて水けを切ります。ゆでることで緑色がいっそう鮮やかになります。

フムス

- フムスを小さな器に移し替え、スプーンの背を使い、表面に渦巻き模様をつけます。
- オリーブオイル（大さじ1/2）をたらします。
- 新鮮なディルを飾ったり、フレーキーシーソルトやザータル*、ベーグルシーズニングなどの調味料をまぶします。

*タイムをベースに煎りごまや塩、スマックなどがブレンドされた中東のハーブスパイス。

AROUND THE

CHÈVRE FORÈVRE BOARD

早春の悦楽
シェーブルボード

作りたてのシェーブルチーズは春のチーズを象徴する存在です。早春の時期にしぼった山羊乳から、雲のようにクリーミーな食感と、軽やかでほのかにピリッとした風味のチーズが生まれます。わたしがシェーブルチーズをこよなく愛する理由は、多様な使い道にあります。サラダにのせてもよいし、トーストに塗ってハチミツをたらしてもおいしくいただけます。さらには甘いお菓子と塩けのある軽食のお供にテーブルに並べれば、春ならではのとびきりおいしい前菜ができあがります。

Shopping List
材料

チーズ

- ハーブシェーブル
  （作り方 P93、市販品でも可）
- シェーブルのマリネ
  （作り方 P93、市販品でも可）
- ホイップハニーシェーブル
  （作り方 P93、市販品でも可）

肉類

- カピコラ
- プロシュート

フルーツ、ハーブ

- ブラックベリー
- ブルーベリー
- イチゴ
- ローズマリー
- タイム

パン、クラッカー、ナッツ

- バゲット
- 薄焼きクラッカー
- ミックスナッツ

その他

- コルニッションのピクルス
- グリーンオリーブ
  （カステルベトラーノなど）
- イチゴジャム
- コームハニー

BUILD IT
盛りつけ方

1. 下準備をする
3種類のシェーブルを作る(用意する)。ハーブシェーブルは数枚の輪切りにする。すべてのフルーツとハーブは洗って水けを切る。イチゴは縦半分に切る。シェーブルのマリネとホイップハニーシェーブル、ジャムはそれぞれ小さな器に入れる。バゲットはスライスし、好みにあわせて焼く。

2. 盛りつける
写真のように、ハーブシェーブル①、シェーブルのマリネ②、ホイップハニーシェーブル③、ジャム④の器を置く。イチゴ⑤とブラックベリー⑥をそれぞれこんもりと盛りつけ、ブルーベリー数個をブラックベリーの上に盛る(多彩な雰囲気を演出し、見栄えをよくするために、ベリーの小山は少なくとも3か所に作る)。プロシュート⑦とカピコラ⑧を折りたたみ、すきまに差し込む。クラッカー⑨とバゲット⑩をそれぞれ扇状に重ねて盛る。コームハニー⑪、オリーブ⑫、ピクルス⑬、ミックスナッツ⑭をそれぞれ盛りつける。ローズマリーとタイム⑮を飾る。

盛りつけたら…
すぐにテーブルへ。

chèvre(シェーブル)は、山羊と鮮烈でみずみずしいシェーブルチーズを意味するフランス語です

RECIPE

MARINATED CHÈVRE
シェーブルのマリネ

できあがりの分量：225g
調理時間：15分（＋1～2時間漬け込む）

材料：
- シェーブル　225g
- タイム、オレガノ、ローズマリー　各6枝
- こしょうの実　小さじ1/2
- レモンの皮（すりおろしたもの）　小さじ1/2
- 赤唐辛子（フレーク）、自然塩　各ひとつまみ
- エクストラバージンオリーブオイル　適量

1. シェーブルはよく切れるナイフ（またはデンタルフロス）で2.5cm角に切って密封容器に入れ、蓋を少し開けておく。
2. タイム、オレガノ、ローズマリー、こしょう、赤唐辛子、レモンの皮、塩を加える。
3. オリーブオイルをチーズが完全に隠れるまで注ぐ。
4. 器を密封し、室温で漬け込む（冷蔵庫に入れて漬け込む場合、1週間漬け、テーブルに出す1～2時間前に取り出して室温に戻しておく）。

RECIPE

HERB CHÈVRE
ハーブシェーブル

できあがりの分量：110g（チーズ1本分）
調理時間：15分

材料：
- シェーブル（バトン形）　1本（110g）
- パセリ（みじん切り）、チャイブ（みじん切り）　各大さじ2
- レモンの皮（すりおろしたもの）　小さじ1/2

1. 小さなボウルにパセリとチャイブを入れて混ぜ、レモンの皮を加えて混ぜあわせる。
2. 作業台にオーブンシートを広げ、1のハーブをシェーブルの側面の面積より広くなるように薄く広げる。
3. シェーブルを2のハーブの端に置き、ハーブの上にそっと転がして、表面をまんべんなくハーブで覆う。

RECIPE

WHIPPED HONEY CHÈVRE
ホイップハニーシェーブル

できあがりの分量：1カップ
調理時間：10分

材料：
- シェーブル　225g
- クリームチーズ（ホイップしたもの）　1/4カップ
- ハチミツ　大さじ1＋少量（仕上げ用）
- レモンの皮（すりおろしたもの）　小さじ1/2＋少量（飾り用）
- 自然塩　ひとつまみ
- タイム　適宜

1. シェーブルとクリームチーズは室温に戻しておく。
2. フードプロセッサー（または中くらいの大きさのボウル）に1のシェーブルとクリームチーズ、そしてハチミツ、レモンの皮、塩を入れ、クリーミーでふんわりとなるまで中速でよく混ぜあわせる。
3. ボウル（またはココット）に移し、ハチミツをかけてレモンの皮を飾る。好みにあわせてタイムも飾る。

AROUND THE

MOTHER'S DAY BOARD

すべての女性に贈る
母の日のボード

母の日は、人生でいちばん大切な女性を祝福する日。わたしたちのお母さん、おばあちゃん、おばさん、そして母のように頼りになるあらゆる女性たちに感謝を伝える日です。このボードは、わたしが母と一緒に、おいしくて素敵な料理を作った日々の大切な思い出からヒントを得ています。まさに母の日を祝うのにぴったりのボードです。内緒で作ってお母さんを驚かせてもよいですし、一緒に作って楽しむのもよいですね。せっかくですから、ちょっとめずらしいチーズを使ったり、サラミで作ったバラやマカロンなど心おどるアクセントを加えたりしてみましょう。

Shopping List
材料

チーズ

- チェダー
- トリプルクリームチーズ（フロマジェダフィノワなど）
- シェーブル（フンボルトフォグなど）

肉類

- プロシュート
- ジェノバサラミ

フルーツ、ハーブ

- ラズベリー
- 赤ブドウ
- イチゴ
- ローズマリー
- セージ

クラッカー、ナッツ

- 薄焼きクラッカー
- イチジクとオリーブのクリスプ
- アーモンド（皮なし、マルコナ）

その他

- グリーンオリーブ（カステルベトラーノなど）
- ハチミツ
- ラズベリージャム
- マカロン

BUILD IT
盛りつけ方

1. 下準備をする

すべてのフルーツとハーブは洗って水けを切る。イチゴは縦半分に切る。ジャムとハチミツはそれぞれ小さな器に入れる。サラミはサラミローズ（P97）を作って小さな器に入れる。チェダーは一部をチーズナイフの先端でひと口サイズに刻む。

2. 盛りつける

写真のように、シェーブル①、トリプルクリームチーズ②、チェダー③をボードの端の方に置く。ジャム④、ハチミツ⑤、サラミローズ⑥をそれぞれのせ、ブドウ⑦、イチゴとラズベリー⑧を一緒に2か所に盛りつける（ラズベリーはあとでトリプルクリームチーズの上に飾る分を少量取っておく）。オリーブ⑨を盛る。プロシュート⑩を折りたたんで盛りつける。クラッカー⑪、クリスプ⑫、マカロン⑬をそれぞれまとめて添える。アーモンド⑭ですきまを埋める。セージとローズマリー⑮を飾る。トリプルクリームチーズの表面にラズベリーとセージの葉を飾る。

盛りつけたら…

すぐに、またはラップで覆って20～30分冷蔵庫で冷やしてからテーブルへ。

おいしいサラミを
美しいバラに
変身させて
ボードに春の気分を
添えましょう

盛りつけのコツ：サラミローズ

Step1　スライスしたサラミ10枚ほどを、それぞれの端を少しずつずらして重ね、1列に並べる。

Step2　写真のように、丁寧に半分に折る。

Step3　端からサラミを巻いていく。この時、最初の1枚がバラの花の芯になるため、あとで形が崩れないように1枚目はしっかりとかたく巻く。

Step4　小さな器に、折り目を下にして立てて入れる。花びららしく見えるように、上端を少し広げる。

AROUND THE

BERRY BASKET BOARD

春満開！
ベリーバスケットボード

春が待ち遠しくなる理由はいくつもありますが、甘くみずみずしいベリー類にまた会えることもそのひとつです。ベリーのさわやかな甘味は、チーズのお供にぴったり。軽くてクリーミーなチーズも、熟成されて塩けの強いチーズも引きたててくれます。新たにおいしいペアリングのパターンを発見してみてください。

Shopping List
材料

チーズ
- ブリー①
- ホワイトチェダー②
- リコッタ（全乳）③

肉類
- プロシュート④
- ソプレッサータ⑤

フルーツ、ハーブ
- ブラックベリー⑥
- ブルーベリー⑥
- ラズベリー⑧
- イチゴ⑩
- ミント⑦
- ローズマリー⑨

パン、クラッカー、ナッツ
- バゲット⑬
- タラリクラッカー⑭
- エンジェルフードケーキ⑫
- アーモンド⑪

その他
- ハチミツ⑮

1. 下準備をする　中ぐらいのボウルにハチミツ（材料外、大さじ2）、塩（材料外、ひとつまみ）、リコッタ（1カップ）を入れてふわふわになるまで泡だて、小さな器に移す（③）。バゲットはスライスする。そのほかの材料はこれまでのボードと写真を参考に準備する。

2. 盛りつける　写真のように盛りつける。

盛りつけたら…　すぐにテーブルへ。

AROUND THE

SPRING COLORS BOARD

春を堪能する スプリングカラーボード

ソフトで軽めの食材と鮮やかではつらつとした食材がボードで出会いました。フレッシュで軽快な色彩が、風味と食感、香りまでも引きたててくれます。まさに五感にうったえるごちそうです。

Shopping List 材料

チーズ

- ブリー①
- チェダー②
- シェーブル③

肉類

- カピコラ④
- ソプレッサータ⑤

フルーツ、野菜、ハーブ

- ブラックベリー⑥
- ブルーベリー⑥
- グレープフルーツ⑦
- キュウリ（あればミニキュウリ）⑨
- ラベンダー⑧
- ローズマリー⑧
- セージ⑧
- タイム⑧

クラッカー、ナッツ

- イチジクとオリーブのクリスプ⑩
- 薄焼きクラッカー⑪
- アーモンド（皮なし、マルコナ）⑫

その他

- ブラックベリージャム⑬
- ハチミツ⑭

1. 下準備をする これまでのボードと写真を参考にそれぞれの材料を準備する。

2. 盛りつける 写真のように盛りつける。

盛りつけたら… すぐに、またはラップで覆って20～30分冷蔵庫で冷やしてからテーブルへ。

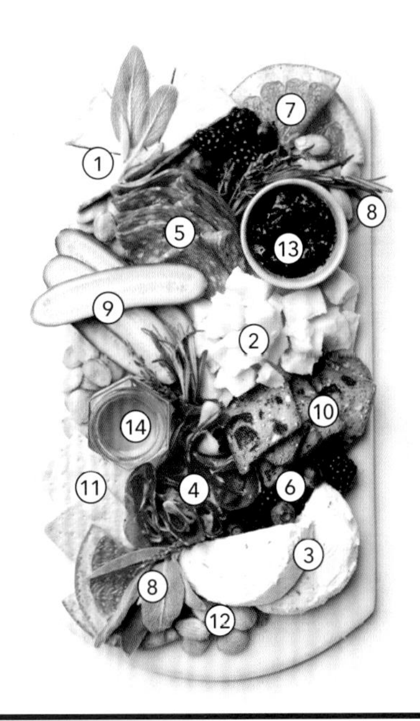

AROUND THE

EASTER BOARD

笑顔あふれる イースターボード

カラフルなイースターエッグやマシュマロ菓子の詰まったバスケットを探したり、家族が集まって食事を楽しむイースターは春の祝いごとの象徴です。このような長年親しんできた習慣があってこそ、家族と過ごす祝日が特別な時間となります。でも何か新しさを加えてみてもよいですよね。というわけで、春らしい鮮やかな色と楽しさが際だつスイーツ満載のイースターボードを紹介します。

Shopping List 材料

チーズ

- ブリー①
- ディルハバティ*（またはセミソフトチーズ）②
- ゴーダシェーブル③

肉類

- プロシュート④

フルーツ、ハーブ

- ブルーベリー⑤
- ラズベリー⑥
- イチゴ⑧
- セージ⑦

クラッカー、ナッツ

- 薄焼きクラッカー⑨
- ジンジャースナップクッキー⑩
- マドレーヌ⑪
- ピスタチオ⑫
- クッキー⑬

その他

- チョコレートエッグ（またはイースター菓子）⑭
- ハチミツ⑮
- レモンカード⑯
- ラズベリージャム⑰

道具

花形のクッキーの抜き型

*ディル入りのハバティチーズ。

1. 下準備をする　ブリーは抜き型で中央を花形に少しくり抜いたあと、ジャムで満たす。そのほかの材料はこれまでのボードと写真を参考に準備する。

2. 盛りつける　写真のように盛りつける。

盛りつけたら…　すぐにテーブルへ。

AROUND THE

GARDEN PARTY BRUNCH BOARD

のんびり楽しむ
ガーデンパーティブランチボード

春が来るとあたたかい日差しに誘われて、テラス席で食事をしたり、ピクニックをしたくなりませんか？ホリデーやパーティ、思いがけない祝いごとなど、心浮きたつ予定もたくさんあります。そんな時におすすめしたいのが、このブランチボードです。テーブルが一気に華やぎ、楽しさが倍増します。

材料

フルーツ、ハーブ

- ブルーベリー①
- グレープフルーツ②
- オレンジ③
- ラズベリー④
- イチゴ⑤
- エディブルフラワー⑬

パン、ナッツ

- ベーグル⑥
- グラノーラ⑦
- ペストリー
  （クロワッサン、スコーン、
  マフィンなど）⑧

その他

- バター⑨
- クリームチーズ２種類⑩
- ハチミツ⑪
- ヨーグルト⑫

1. 下準備をする　これまでのボードと写真を参考にそれぞれの材料を準備する。

2. 盛りつける　写真のように盛りつける。

盛りつけたら…　すぐにテーブルへ。

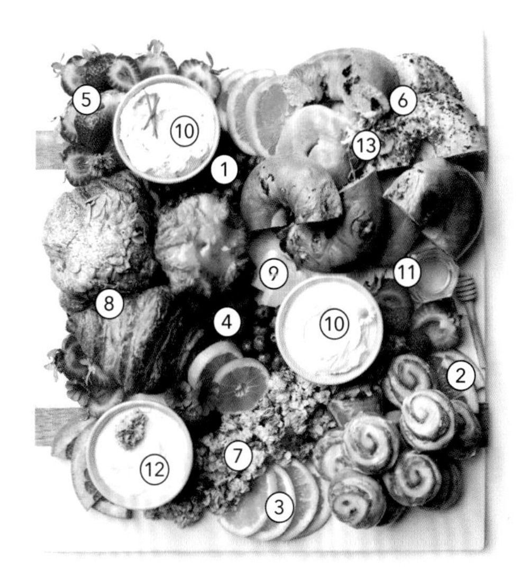

Summer

Chapter

4

夏のボード

Your Summer Pantry

夏のパントリー

夏は楽しいことがいっぱい。夏ならではの、ゆったりとした暮らしのリズムが大好きです。アメリカではメモリアルデー*1の頃になると、まるでしめしあわせたように、日光浴をしたり、旅行に出かけたり、誰もが多忙な日々をひと休みして、のんびり過ごします。そして大切な人たちと一緒に、永遠におわらないような夏の日々を満喫するのです。
この章で紹介するボードには、そんなのんびり気分があらわれています。新鮮で手間いらずの夏の食材をそろえれば、簡単に作れるものばかりです。手軽なボードの数々ですが、どれもみんなで囲めば、楽しい時間がさらに特別なひと時となります。心おどる夏の過ごし方は多種多様。自宅の裏庭だろうと、親友の家の中庭だろうと、湖畔の別荘だろうと、近所の公園でのピクニックだろうと、夏のボードがあれば言うことなし！ さあ、夏の豊富な食材をチェックしてみましょう。

フルーツ、野菜、ハーブ

アプリコット
ブラックベリー
ブルーベリー
メロン
コリントブドウ*2
トムコードブドウ*3
チェリー
チェリープラム
ドラゴンフルーツ
イチジク
ゴールデンベリー
マンゴー
ネクタリン
モモ
プラムコット*4
プラム
ラズベリー
イチゴ
トマト
スイカ
キュウリ
バジル

チーズ

アブリー
ブッラータ
カマンベール
チェダー
シェーブル
カブラアルヴィーノ*5
フェタ
フレッシュモッツァレラ
ゴルゴンゾーラ
ゴーダ
ハロウミ
ハバティ
フンボルトフォグ
ラトゥール
マンチェゴ
パルミジャーノレッジャーノ
ポールサリュー
リコッタ
ロビオラ
トム

その他

ドライアプリコット
ドライチェリー
野菜のピクルス
オリーブ
アーモンド（マルコナなど）
チェリージャム
イチジクジャム
モモのジャム
ラズベリージャム
トマトジャム
ハチミツ
コームハニー
バゲット
薄焼きクラッカー

*1：5月最終月曜日の戦没将兵追悼記念日。
*2、3：小粒な種なし黒ブドウの一種。
*4：スモモ（プラム）とアンズ（アプリコット）を交配して生まれたフルーツ。
*5：赤ワインで洗ったシェーブルチーズ。

AROUND THE

SUMMER PAIRINGS BOARD

輝く季節到来!
夏のペアリングボード

夏をひとことで表現するとしたら、躍動感です。夏の時期は、色も風味もエネルギーも、すべてが力強くて鮮やかで際だって見えます。このボードでは、そんな輝かしい季節を、大胆な色使いと選りすぐりの食材で表現してみました。様々な食材を組みあわせて、はっと驚くようなおいしいペアリングを発見してください。

Shopping List
材料

チーズ

- ブルーチーズ
- ブリー
- ゴーダシェーブル
- シェーブルハニー

肉類

- プロシュート
- ソプレッサータ

フルーツ、ハーブ

- アプリコット
- メロン
- チェリー
- チェリープラム
- イチゴ
- ラズベリー
- セージ

クラッカー、ナッツ

- 薄焼きクラッカー
- フルーツナッツクリスプ
- アーモンド(皮なし、マルコナ)
- ミックスナッツ

その他

- イチジクジャム
- グリーンオリーブ (カステルベトラーノなど)
- ハチミツ
- コームハニー

BUILD IT
盛りつけ方

1. 下準備をする

すべてのフルーツとハーブは洗って水けを切る。イチゴは縦半分に、アプリコットは四つ割りにする。メロンはスライスして、好みにあわせて一部にプロシュートを巻く（P117 メロンのプロシュート巻き参照）。ブルーチーズは一部をチーズナイフの先端でひと口サイズに刻む。ゴーダは三角形にスライスする。ジャムとハチミツ、オリーブはそれぞれ小さな器に入れる。

2. 盛りつける

写真のように、ブルーチーズ①、ブリー②、シェーブルハニー③、ゴーダシェーブル④をボードの端の方に置く。ジャム⑤、ハチミツ⑥、オリーブ⑦の器をのせる。メロン⑧を数枚、扇状に重ねて置く。アプリコット⑨、イチゴ⑩、ラズベリー⑪をそれぞれ数個ずつ、数か所にまとめて盛りつける。プロシュート⑫とソプレッサータ⑬をそれぞれ折りたたみ、盛る。クラッカー⑭とクリスプ⑮をそれぞれ扇状に重ねて盛る。チェリー⑯、チェリープラム⑰、アーモンド⑱、ミックスナッツ⑲ですきまを埋める。セージ⑳を飾り、コームハニー㉑をシェーブルハニーの上にのせる。

盛りつけたら…

すぐに、またはラップで覆って20〜30分冷蔵庫で冷やしてからテーブルへ。

甘い食材と塩味のきいたセイボリーの絶妙な組みあわせや
濃厚な味わいと軽やかな食感の好対比、
そしてシンプルな食材による思いもよらない複雑味。
夏の風味にはいつも魅せられます

ペアリングあれこれ

色鮮やかで力強く、食べる人を元気にしてくれくれる食材をピックアップしてみました。夏のペアリングボードに使われている、各チーズと好相性のおいしいペアリングを作るためのヒントを与えてくれるでしょう。

シェーブルハニーと

プロシュート
モモ
フルーツナッツ
　クリスプ
ハチミツ

ブリーと

ラズベリー
イチゴ
薄焼きクラッカー
ハチミツ

ブルーチーズと

ソプレッサータ
アプリコット
チェリー
薄焼きクラッカー
ハチミツ

ゴーダシェーブルと

ラズベリー
フルーツナッツ
　クリスプ
グリーンオリーブ
　（カステルベトラーノなど）
イチジクジャム

SUMMER ENTERTAINING BOARD

夏気分を盛りあげる
サマーボード

ピクニックにバーベキュー、友人たちと過ごす夜、家族との団らん、そしてプールパーティまで、夏はみんなで集まって楽しむ機会が無限にあります。パーティを主催する場合でも、料理を持ち寄るパーティに参加する場合でも、このボードは心地よいそよ風のような前菜として存在感を発揮してくれるでしょう。

Shopping List
材料

チーズ

- シェーブル（バトン形）
- フンボルトフォグ
- ポールサリュー

フルーツ、ハーブ

- ブラックベリー
- チェリー
- モモ
- バジル
- 好みにあわせて：
  ハーブ（好みのもの）

パン、クラッカー、ナッツ

- バゲット
- 薄焼きクラッカー
- アーモンド（皮なし、マルコナ）

その他

- メロンのプロシュート巻き
  （作り方P117）
- メロンのカプレーゼのピンチョス（作り方P117）
- ブラックベリージャム
- ハチミツ

BUILD IT
盛りつけ方

1. 下準備をする
すべてのフルーツとハーブは洗って水けを切る。モモはスライスする。ジャムとハチミツはそれぞれ小さな器に入れる。シェーブルは一部を輪切りにする。バゲットはスライスする。メロンのプロシュート巻きとメロンのカプレーゼのピンチョスを作る。

2. 盛りつける
写真のように、フンボルトフォグ①、シェーブル②、ポールサリュー③をそれぞれボードの端の方に盛る。ジャム④とハチミツ⑤の器を置く。メロンのプロシュート巻き⑥とメロンのカプレーゼのピンチョス⑦をそれぞれ数個ずつまとめて盛りつける。ブラックベリー⑧、チェリー⑨、モモ⑩を2か所ほどにそれぞれこんもりと盛りつける。クラッカー⑪とバゲット⑫をそれぞれ扇状に重ねて盛る。アーモンド⑬ですきまを埋める。バジル⑭と好みにあわせてハーブを飾る。

盛りつけたら…
すぐに、またはラップで覆って20～30分冷蔵庫で冷やしてからテーブルへ。

MELON & PROSCIUTTO TWO WAYS
メロンのプロシュート巻き＆メロンのカプレーゼのピンチョス

甘くみずみずしいメロンと塩けのあるプロシュートを組みあわせて作る簡単な前菜を紹介します。そのおいしさといったら、ほんの数分でできるとは思えないほどです。

メロンのプロシュート巻き

材料： メロン（大）　半個
プロシュート　170g
ミントの葉（またはバジルの葉）　適宜

1. メロンはスプーンで種を取り除き、1.3cmの厚さの半月形に切って皮をむく。
2. プロシュートは縦半分に切る。
3. まな板に2のプロシュートを広げ、1のメロンを上に置いて中央部分にゆるめに巻きつけたら、写真のようにメロンの両端が見えるように巻いていく。好みにあわせて途中でミントかバジルの葉を加えても。
4. 残りのメロンも同様にする。

メロンのカプレーゼのピンチョス

材料：
メロン（大）　半個
プロシュート　170g
チリエジーネ、バジルの葉　各適量

道具：
メロンボーラー、
カクテルピン（またはつまようじ）　適量

1. メロンはスプーンで種を取り除き、メロンボーラーで果肉を球状にくり抜く。
2. プロシュートは縦半分に切り、適当な大きさに折りたたむ。
3. 1のメロン→バジルの葉→折りたたんだプロシュート→チリエジーネの順にピンに刺す。材料がなくなるまでこれを繰り返す。

違う種類のメロンやスイカを混ぜて作ってもOK。その場合、それぞれが同数になるようにピンに刺す。

AROUND THE

PICNIC CHARCUTERIE BOX

おいしくてかわいい
ピクニックシャルキュトリーボックス

思い浮かべてみてください。晴れわたった青空、涼しい木陰、肌ざわりのよいピクニックブランケット、お気に入りの本。そして運びやすい小ぶりな容器に詰め込んだシャルキュトリーの数々。ブランケットにアリたちがこなければ、もう言うことはありません。
このかわいらしいピクニック料理に必要なのは、ランチボックスと大好きな食べ物だけ。写真のように１人分を詰めて、あるいは大きなランチボックスにたくさん盛って家族や友達と楽しんでみてはどうでしょう。

Shopping List
材料

チーズ
- チェダー
- シェーブル

肉類
- サラミ

フルーツ、ハーブ
- ラズベリー
- 赤ブドウ
- イチゴ
- ローズマリー
- タイム

クラッカー、ナッツ
- 薄焼きクラッカー
- ピスタチオ

その他
- ドライアプリコット
- イチジクジャム

BUILD IT
盛りつけ方

1. 下準備をする

すべてのフルーツとハーブは洗って水けを切る。イチゴは縦半分に切る。チェダーは長方形にスライスする。ジャムは小さな器に入れる（または小瓶なら市販品のまま使っても）。サラミはスライスする。

2. 盛りつける

「盛りつけのコツ」（P121）を参考にしながら盛りつけていく：チェダー①とシェーブル②を置く。ジャム③の器をのせる。イチゴ④とラズベリー⑤を数個ずつまとめ、2か所にこんもりと盛る。サラミ⑦を折りたたんであいた場所に盛りつける。ブドウ⑥の小房（2か所）とドライアプリコット⑨を盛る。ピスタチオ⑧ですきまを埋める。ローズマリーとタイム⑩を飾る。クラッカーは湿らないように、容器をもう1個用意して詰める。それぞれの容器に蓋をする。

盛りつけたら…

ピクニックに持って行き、ブランケットを広げたら中央へ。クラッカーにはローズマリーなどのハーブを飾って彩りを添えても。

盛りつけのコツ

ランチボックスのような小さな容器にきれいに盛りつけるには、重層的に詰めていくことです。まずチーズとジャムでベースを作ったあと、立体感と色のバランスを工夫しながら盛りつけていきます。下の写真を参考にしてみてください。

ピクニックの季節の到来です。
お気に入りのシャルキュトリーと
一緒に出かけましょう!

AROUND THE

MEZZE PLATTER

今宵はエスニックナイト！
メッゼプラッター

メッゼ（mezze）とは中東や地中海地域の前菜を盛りあわせたもの。暑い夏の夜、火を使って料理を作るなんて考えるだけでうんざりするような時に大活躍します。調理せず、片づけも簡単で、おいしくて楽しい！ これこそ、うだるように暑い夏の日のディナーのあるべき姿です。フムスやピタパン、タブレ*1など好みのメッゼ料理を、中東や地中海地域専門のお店で購入して盛りつけましょう。ここではきれいな大皿を使ってみました。みんなで集まって、自由にあれこれつまみながら会話を楽しんで、素敵な夜を過ごしましょう。テラスなど外でいただくのもよいですね。

Shopping List
材料

チーズ

- ホイップフェタチーズ（作り方 P125）

パン

- ピタパン（またはクラッカー）

フルーツ、野菜、ハーブ

- キュウリ（あればミニキュウリ）
- チェリートマト
- イチジク（またはドライイチジク）
- レモン
- フレッシュハーブ（ミントやイタリアンパセリなど）

その他

- フムス
- タブレ
- ドルマ★2
- アーティチョークのマリネ
- オリーブ
- 赤唐辛子（オイル漬け、辛いタイプ、ローストしたものなど）
- エクストラバージンオリーブオイル
- フレーキーシーソルト

★1：刻んだパセリをメインにたっぷりのブルグル、トマト、玉ねぎ、ミントが入った中東のサラダ。
★2：トルコのピーマンの肉詰め料理。

BUILD IT
盛りつけ方

1. 下準備をする

ホイップフェタチーズを作る。すべての野菜とフルーツ、ハーブは洗って水けを切る。キュウリとイチジクは縦半分に切り、レモンはいちょう切りにする。ピタパンは三角形に切る。ホイップフェタチーズとフムスをそれぞれ小さな器に入れる。フムスの表面にオリーブオイルをまわしかけてフレーキーシーソルトを散らす。オリーブや赤唐辛子など、オイル漬けになっている食材の油分を切る。

2. 盛りつける

写真のように、フムス①とホイップフェタチーズ②の器を置く。フムスの器のまわりにピタパン③を、ホイップフェタチーズの器のまわりにドルマ④を、それぞれ扇状に並べる。キュウリ⑤、トマト⑥、アーティチョーク⑦、赤唐辛子⑧、オリーブ⑨、タブレ⑩を、それぞれまとめて盛りつける。イチジク⑪とレモン⑫、ハーブ⑬を全体に飾る。

盛りつけたら…

すぐにテーブルへ。

中東や地中海周辺の
メッゼには
「味わう」や「軽食」
という意味があり、
何種類もの小皿料理が
前菜や軽食として
供されます

RECIPE

WHIPPED FETA

ホイップフェタチーズ

塩けのあるフェタとさっぱりとした酸味のレモン、香り豊かなハーブを使って、さわやかでクリーミーなディップを作りましょう。できあがったら、ピタパンや野菜とあわせて楽しんで！

できあがりの分量：6〜8人分　**調理時間**：10分

材料：

- フェタチーズ（室温に戻したもの）　225g
- ギリシャヨーグルト　1/2カップ
- ニンニク（つぶしたもの）　1片分
- レモンの皮（すりおろしたもの）、レモン果汁　各半個分
- オレガノ（みじん切り）、バジル（みじん切り）、チャイブ（みじん切り）　各大さじ1
- エクストラバージンオリーブオイル　大さじ2＋少量（飾り用）
- 黒こしょう（ひきたて）、赤唐辛子（粗挽き）　各ひとつまみ
- 自然塩　適量
- ハーブの小枝や葉　各適宜

1. フードプロセッサーに小さめに切ったフェタとヨーグルトを入れ、なめらかになるまで中速で30〜60秒ほど混ぜる。
2. ニンニク、レモンの皮と果汁、オレガノ、バジル、チャイブ、オリーブオイルを加え、さらに塩（ひとつまみ）、こしょう、唐辛子を加えて混ぜる。味見をして、好みにあわせてさらに塩（適量）とレモン果汁（分量外、適量）を加えても。
3. ボウルに移し、オリーブオイルをたらして、塩（適量）と好みにあわせてハーブの小枝や葉を飾る。

できあがったらすぐに、またはラップで覆って1〜2時間冷蔵庫で冷やしてからテーブルへ。

AROUND THE

THAT'S MY JAM BOARD

ジャム大好き!
お気に入りのジャムボード

ジャムのないチーズボードなんて考えられません。チーズと甘いイチジクジャムや甘辛いホットペッパージャムの組みあわせなんて最高です。ボードの定番であるジャムは、風味と彩りと食感を高め、何よりも変化をもたらしてくれます。言い換えれば、おいしいジャムは、ボード上のすべての食材を引きたてて、とびきりおいしいボードに仕上げてくれるキーアイテムなのです。

Shopping List
材料

チーズ

- 白カビチーズ(山羊乳のもの)
- ゴーダシェーブル
- トリプルクリームチーズ(サンタンドレなど)

肉類

- カピコラ
- プロシュート

フルーツ、ハーブ

- チェリープラム
- ブドウ2種類
- プラムコット(またはプラム)
- ラズベリー
- イチゴ
- ローズマリー
- セージ

クラッカー、ナッツ

- 薄焼きクラッカー
- イチジクとオリーブのクリスプ
- アーモンド(皮なし、マルコナ)

その他

- ドライイチジク
- グリーンオリーブ(カステルベトラーノなど)
- イチジクジャム
- イチゴジャム(作り方 P129、市販品でも可)

BUILD IT
盛りつけ方

1. 下準備をする

イチゴジャムを作る（用意する）。すべてのフルーツとハーブは洗って水けを切る。イチゴとプラムコットは縦半分に切る。ゴーダシェーブルは三角形にスライスする。イチジクとイチゴのジャムはそれぞれ小さな器に入れる。

2. 盛りつける

写真のように、トリプルクリームチーズ①、白カビチーズ②、ゴーダシェーブル③をボードの端の方に置く。イチジクジャム④とイチゴジャム⑤の器をのせる。ブドウ⑥の房を2～3個盛りつけ、イチゴ⑦、ラズベリー⑧、プラムコット⑨、チェリープラム⑩をそれぞれこんもりと盛る。プロシュート⑪とカピコラ⑫を折りたたみ、すきまに差し込む。オリーブ⑬をこんもりと盛る。クラッカー⑭とクリスプ⑮をそれぞれ重ねて並べる。アーモンド⑯とオリーブですきまを埋める。ドライイチジク⑰、セージとローズマリー⑱を飾る。

盛りつけたら…

すぐに、またはラップで覆って20～30分冷蔵庫で冷やしてからテーブルへ。

RECIPE

MALEAH'S SIMPLE STRAWBERRY JAM
マリアの簡単イチゴジャム

アメリカで「マダムズジャム」を運営するマリア・グルックが考案した、簡単かつ少ない量で作れる最高においしいイチゴジャムの作り方を紹介します。

できあがりの分量：
225g（ガラス瓶1個分）
調理時間：30分

材料：
イチゴ　450g
砂糖　1と1/2カップ
レモン果汁　大1個分
塩　ひとつまみ

1. 中ぐらいの大きさの鍋に、ヘタを取って刻んだイチゴ、砂糖、レモン果汁、塩を入れ、弱めの中火で砂糖が溶けるまでかき混ぜたら、強めの中火にして、グラグラと煮たたせる。
2. よくかき混ぜながら、好みの粘度になるまでイチゴをつぶす。この時、ハンドブレンダーを使うと、よりなめらかになる。
3. さらに10～15分かき混ぜながら、ジャムの粘度が増して表面全体が泡だつまで煮る。
4. ジャムの温度が摂氏105℃になったら火からおろし、煮沸消毒した蓋つきのガラス瓶に詰める。

保存の仕方
冷蔵庫で2週間保存可能。長期間保存するなら、ジャムを詰めた瓶を鍋に入れ、瓶の9割ほどの高さまで水を注ぎ、強火で15分間煮沸する。煮沸しおわったら瓶を室温で冷まし、蓋の中央を指で押してへこませ、完全に密封後、冷蔵庫へ（完全に密封されていれば、蓋の中央がへこんだ状態になる）。

ジャムが少しあるだけで
チーズの味わいが驚くほど変わります。
新たな風味の組みあわせをいろいろ試して
自分だけのお気に入りの味を見つけましょう

SUMMER COOKOUT BOARD

キャンプにおすすめ
ハンバーガーボード

ボードに盛りつけると、あらゆるもののおいしさが倍増するというのがわたしの持論。このボードがその証拠です。アメリカの野外料理の定番であるハンバーガーやパスタサラダは、もちろんそのままでもおいしいのですが、様々なサイドメニューと一緒にボードに盛りつけると、たちまちおいしさが倍増します。自由にハンバーガーのトッピングとサイドメニューを選んで楽しんでください。ハンドルのついたプレートに盛ると、野外でも持ち運びしやすいですよ。

Shopping List
材料

チーズ
- ブルーチーズ
- ディルハバティ
- モントレージャック
- シャープチェダー

肉類
- ベーコン
- パテ（ハンバーガー用）

野菜
- アボカド
- レタス
- トマト

パン、スナック菓子
- バンズ（ハンバーガー用）
- ポテトチップス2種類

その他
- コールスロー
- ポテトサラダ
- パスタサラダ
- コルニッションのピクルス
- ケチャップ
- マヨネーズ
- マスタード

BUILD IT
盛りつけ方

1. 下準備をする

すべての野菜は洗って水けを切る。トマト、ピクルス、アボカド、ハバティ、モントレージャック、シャープチェダーはスライスする。ブルーチーズは刻む。コールスロー、サラダ2種類、調味料はそれぞれ小さな器に入れる。ベーコンとパテは焼く。バンズはトーストする。

2. 盛りつける

ベーコンとパテを焼いている間を使って盛りつけはじめる。写真のように、コールスロー①、パスタサラダ②、ポテトサラダ③、調味料④の器を置き、ボードにレタスを敷いて（ハンバーガー用は別に取っておく）、ブルーチーズ⑤、ハバティ⑥、モントレージャック⑦、シャープチェダー⑧、トマト⑨、アボカド⑩を盛りつける。ハンバーガー用のレタス⑪を盛る。ポテトチップス⑫とピクルス⑬をそれぞれまとめて盛りつける。焼いたパテ⑭と、ベーコン⑮、バンズ⑯を盛る。

盛りつけたら…

すぐにテーブルへ。

自由に自分だけの
ハンバーガーを作りましょう!

夏の野外で楽しむボードあれこれ

夏の野外料理の楽しみはハンバーガーだけではありません。プールサイドであろうと、テラスであろうと、自分の好きな食材を組みあわせて作る料理の醍醐味は誰もが知っています。そんな料理は大きな器やプレート、ボードに盛るのが一番! ここでは次のテーマごとに、わたしの大好きなメニューを紹介します。

野球場のホットドッグ

大好きなチームの試合には、みんなの大好物のホットドッグを準備して行きましょう。

- バンズ
- ソーセージ
- オニオンリング
- チーズ入りピッグインブランケット*1やミニアメリカンドッグ
- ポップコーン
- 調味料(ケチャップ、薬味、マスタード、チリソースなど)

ソーセージ祭り

どんなソーセージを用意してもOK! 半分に切って、2～3種類のマスタードを選んで持って行き、友人や家族に自由に組みあわせて楽しんでもらいましょう。

- ソーセージ(ビアブラッツ、ホットイタリアンソーセージ、キールバーサなど各種)
- ジャーマンポテトサラダ
- チーズカード*2
- タマネギのグリル
- ザワークラウト
- 野菜のピクルス
- フルーツ
- プレッツェルロール
- 調味料(マスタード、ケチャップなど)

楽しさいっぱいのデリカテッセン

自分で自由に作るサンドイッチにまさるものはありません。あらゆるチーズを用意して作ってください。

- ベーコン
- ハム&ソーセージ
- チーズ(各種のスライス)
- アボカド
- トマト
- ピクルス
- パン(厚切りがおすすめ)
- 調味料&薬味

*1:ウインナーのパイ包み。
*2:牛乳を酵素でかためた熟成前のチーズ。

AROUND THE

CAPRESE BOARD

食卓を豪華に彩る
カプレーゼボード

おなじみのカプレーゼをひとひねりしてみました。新鮮な旬の食材を使い、力強くみずみずしい風味に仕上げたこのボードは、手間をかけずにできるため、気づけば何度でも作っていたということになるでしょう。美しいお皿に盛れば、特別な日のディナーにもぴったりです。

Shopping List
材料

チーズ

- ブッラータ
- チリエジーネ

肉類

- プロシュート
- ソプレッサータ

フルーツ、野菜、ハーブ

- ラズベリー
- イチゴ
- チェリートマト
- バジル
- エディブルフラワー
- 好みにあわせて：
  原種トマト（インカトマトなど）

パン、ナッツ

- バゲット（またはイタリアのパン）
- アーモンド（皮なし、マルコナ）

その他

- バルサミコビネガー
- エクストラバージン
  オリーブオイル

必要な道具

- カクテルピン（またはつまようじ）

BUILD IT
盛りつけ方

1. 下準備をする

すべての野菜とフルーツ、ハーブは洗って水けを切る。イチゴはヘタを取り除き、縦半分に切る。チェリートマトは半量を縦半分に切る。バジルは葉を数枚細く刻み、残りは取っておく。取っておいたチェリートマト半量とバジルの葉、チリエジーネを順にカクテルピンに刺し、6〜8本のカプレーゼのピンチョスを作る。好みにあわせて原種トマトはくし形に切る。

2. 盛りつける

写真のように、ブッラータ①と、こんもりとまとめたチリエジーネ②を盛る。チェリートマト③、イチゴ④、ラズベリー⑤を立体感が出るように一緒に数か所に盛りつける。ソプレッサータ⑥とプロシュート⑦を折りたたみ、すきまに差し込む。カプレーゼのピンチョス⑧を2〜3本ずつ盛る。さらにチリエジーネとベリー類（そして好みにあわせて原種トマト）を盛りつける。アーモンド⑨を数個ずつ数か所に飾り、刻んだバジルの葉と刻んでいないバジルの葉⑩を全体に散らす。エディブルフラワー⑪を飾る。

盛りつけたら…

すぐにテーブルへ。バゲットとオリーブオイル、バルサミコビネガーを添えて。

もっと知りたいモッツァレラとブッラータ

イタリア産フレッシュチーズのモッツァレラとブッラータは一年中手に入りますが、本来は夏の間しか食べられないチーズでした。これらの新鮮なチーズはいずれも、軽やかでシルキーな食感と、おだやかでミルキーな風味が魅力です。こうしたチーズだからこそ、真夏の食材の鮮烈で力強い味わいと完璧にマッチし、見事なバランスで魅了するのです。新鮮さを保つために冷やした状態でテーブルに出すのがおすすめ。暑さを吹き飛ばし、気分がリフレッシュすることでしょう。

モッツァレラ

どんなチーズ？　チーズの原料のカードをのばしたもので、イタリアのカンパニア州が原産です。元々は地元の水牛乳から作られ、モッツァレラディブッファラと呼ばれていました。この水牛製モッツァレラは現在でも非常に人気があり、その濃厚な味わいは多くの人に好まれていますが、製造法が厳しく規定され、水牛乳が入手困難であるため一般にあまり出まわりません。現在では牛乳製のモッツァレラフィオルディラッテの方が多く見られ、特にアメリカではその傾向が強いようです。どちらも極上のおいしさです。

特徴　繊細なミルクの風味をもつフレッシュチーズで、色は純白でやわらかく、やや弾力があり、口のなかでとろりと溶けます。熟成や塩分の添加が行われず、できたてをすぐに食べるように作られています。鮮度を保つために水やホエー（乳清）を満たした容器に入っています。サイズはオレンジから卵のサイズ（ボッコンチーニ）、チェリーほどの大きさ（チリエジーネ）、真珠サイズ（パールモッツァレラ）まで様々です。

おいしい味わい方　モッツァレラの魅力は多様な食べ方ができる点にあります。そのまま食べてもおいしいのはもちろんですが、さわやかでマイルドな風味のため、簡単に様々な食材と組みあわせて、風味豊かな料理にアレンジできます。オリーブオイルや塩、こしょう、イタリアのパンとあわせても、トマトやバジルとあわせても絶品です（インサラータカプレーゼ）。メロンやプロシュート、ミントともよくあいます。

ブッラータ

どんなチーズ？　1900年代初頭にイタリアのプーリア州で生まれました。モッツァレラとクリームで作られ、水牛乳、牛乳のいずれでも作ることができます。モッツァレラから作られているため、見た目は似ていますがまったく別のチーズです。違いは中身にあります。ヒントは名前。ブッラータはイタリア語で「バターを塗った」という意味です。

特徴　繊細でみずみずしいモッツァレラでできた巾着袋のなかに、やわらかくてクリーミーなストラッチャテッラと呼ばれるチーズが詰まっています。これは繊維状のモッツァレラと生クリームをあわせたチーズです。ナイフでモッツァレラの巾着袋を切ると、クリーミーなストラッチャテッラが流れ出ます。シルキーでとろけるような食感とうっとりするようなバターの風味が楽しめます。

おいしい味わい方　ブッラータはわたしの大好きな夏のチーズです。ふくよかなモッツァレラの巾着袋から出てくるひんやりとしてクリーミーなチーズと、夏の野菜やフルーツとのペアリングにまさるものはありません。よく冷えたロゼワインがあれば最高！ブッラータの豊潤な食感と軽やかでバターのような風味は、夏のサラダやパスタ、前菜にぴったりです。

ワインとチーズのペアリング

チーズの種類は非常に多様で、水分、脂肪分、食感、風味の点で多岐にわたります。一方ワインも同様に、酸度、甘さ、ボディなどによって多種多様です。そうなると、ワインとチーズのペアリングはひと筋縄ではいきません。そこで手はじめにどうすればよいか、いくつかアドバイスをさせてください。

- 風味の強さが同等のものを組みあわせましょう。いずれかが圧倒するのは好ましくありません。
- フルボディのワインにはシャープな味の熟成チーズがあいます。
- コクがあって甘口、あるいはタンニンを感じるワインには、ピリッと刺激があってにおいの強いチーズが好相性です。
- コクがあって濃厚でやわらかいチーズには、濃厚さを一掃するような強い酸味のあるワインを組みあわせましょう。

赤ワインと

ハードチーズ
（熟成チェダー、熟成ゴーダ、熟成マンチェゴ、グリュイエール、パルミジャーノレッジャーノなど）

ブルーチーズ
（ロックフォール、スティルトンなど）

ロゼワインと

フレッシュチーズ
（モッツァレラ、ブッラータなど）

セミソフトチーズ
（ブリー、ハバティ、トムなど）

セミハードチーズ
（マンチェゴ、チェダーなど）

白ワインと

フレッシュチーズ
（シェーブル、モッツァレラなど）

ウォッシュチーズ
（タレッジョ、エポワスなど）

セミハードチーズ
（マイルドチェダー、エメンタール、ゴーダなど）

スパークリングワインと

ソフトでコクのあるチーズ
（ブリー、ブッラータ、カマンベール、フルサンなど）

個性的でにおいの強い、重めのチーズ
（ゴルゴンゾーラなど）

AROUND THE

ANTIPASTO DINNER BOARD

前菜たっぷり アンティパストディナーボード

暑くて料理を作るなんてうんざり、買い物に行くよりのんびりくつろいでいたい……そんな時の解決策がこのボードです。使う食材の大半が、みなさんがキッチンに常備しているものばかり。足りない食材があれば、食料品店などで調達しましょう。ここでは大皿に盛ってみました。

Shopping List 材料

チーズ

- モッツァレラ（マリネまたはプレーンタイプ）①
- ゴルゴンゾーラ②
- パルミジャーノレッジャーノ（またはアジアーゴなどのイタリア産ハードチーズ）③
- ロビオラ④

肉類

- カラブレーゼソプレッサータ*⑤
- カピコラ⑥
- サラミローズ（作り方 P97）⑦
- プロシュート⑧

野菜、ハーブ

- チェリートマト⑩
- バジル⑨
- ローズマリー⑨

パン、クラッカー、ナッツ

- バゲット⑪
- タラリクラッカー⑬
- アーモンド（皮なし、マルコナ）⑫

その他

- ブルスケッタの具材⑭
- アーティチョークのマリネ⑮
- グリーンオリーブ（カステルベトラーノなど）⑯
- 赤唐辛子（オイル漬け）⑰
- 赤ピーマンのロースト⑱
- その他の前菜⑲

*イタリア南部産のかためのサラミ。

1. 下準備をする バゲットはスライスしてトーストする。サラミローズを作る。そのほかの材料はこれまでのボードと写真を参考に準備する。

2. 盛りつける 写真のように盛りつける。

盛りつけたら… すぐにテーブルへ。おかわり用に別の器に盛ったバゲットとクラッカーを添えて。

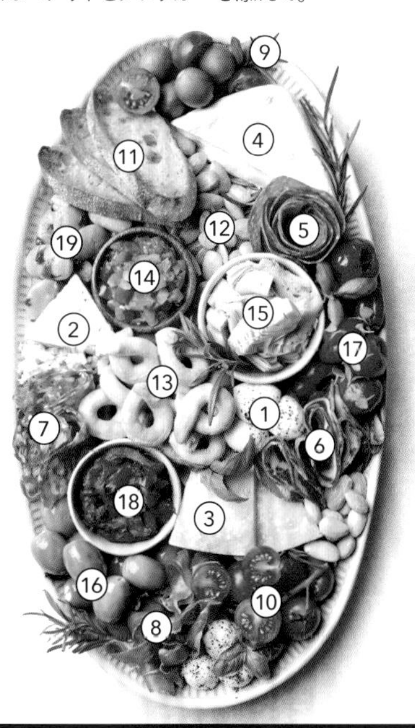

AROUND THE

STONE FRUIT SEASON BOARD

夏の旬を楽しむ フルーツボード

夏がとびっきり素敵な季節である理由は無限にありますが、暑い夏の日は熟してみずみずしいモモや、太陽を浴びて甘く熟したチェリーが恋しくてたまりません。このような美しく熟したフルーツは旬が短いので、サラダやデザートに加えたり、ここで紹介するボードのように軽めでクリーミーなチーズや、ジャムなどの甘い物と一緒に盛りつけたりしながら思いっきり楽しみましょう。

材料

チーズ

- ブッラータ①
- シェーブルのマリネ（作り方 P93）②
- マスカルポーネ③

肉類

- プロシュート④

フルーツ、ハーブ

- アプリコット⑤
- チェリー⑦
- チェリープラム⑧
- ネクタリン⑨
- モモ⑩
- プラムコット⑪
- バジル⑥
- タイム⑥

パン、クラッカー、ナッツ

- バゲット⑫
- 薄焼きクラッカー⑬
- フルーツナッツクリスプ⑭
- アーモンド（皮なし、マルコナ）⑮

その他

- バルサミコソース⑯
- ハチミツ⑰
- モモのジャム⑱

1. 下準備をする　バゲットはスライスする。そのほかの材料はこれまでのボードと写真を参考に準備する。

2. 盛りつける　写真のように盛りつける。

盛りつけたら…　すぐに、またはラップで覆って20～30分冷蔵庫で冷やしてからテーブルへ。

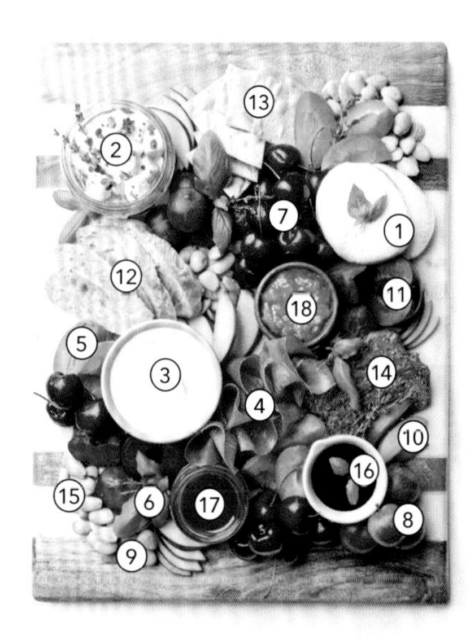

AROUND THE

S'MORES DESSERT BOARD

夏の夜の思い出
スモアデザートボード

アメリカの人々にとってスモアこそ、夏の典型的なデザート。キャンプファイヤーでよく作られることから、みんなで炎を囲んでワイワイ過ごした子どもの頃の夏の夜を思い出させてもくれます。自分で好きなように組みあわせて楽しむスモアボードには、あらゆるおいしいものが満載。今までのスモアが別次元のものに変わることでしょう。食材選びに制限はないので、お気に入りの甘いお菓子と塩味のスナックを組みあわせて自由に作ってください。メタルのハンドルがキュートなボードに盛ってみました。

Shopping List
材料

フルーツ

- ラズベリー①
- イチゴ②

パン、クラッカー

- ビスケット（ビスコフなど）③
- バターワッフルクッキー④
- チョコレートプレッツェル⑤
- シナモングラハムクラッカー⑥
- ハニーグラハムクラッカー⑦

その他

- キャラメルチョコレート⑧
- チョコレート（タブレット）⑨
- チョコレートナッツ⑩
- チョコレート（細かく刻んだもの）⑪
- マシュマロ⑫
- ピーナッツバターカップ⑬

道具

- 焼き串

1. **下準備をする** これまでのボードと写真を参考にそれぞれの材料を準備する。
2. **盛りつける** 写真のように盛りつける。

盛りつけたら… すぐに、暖炉やキャンプファイヤーを囲んでマシュマロを焼きながら楽しんで！

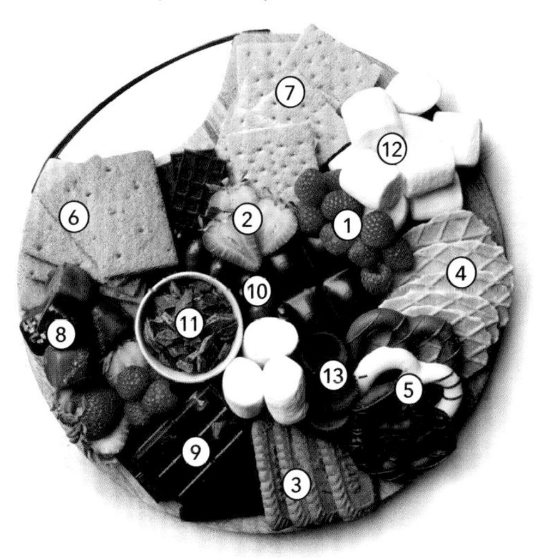

AROUND THE

4TH OF JULY BOARD

子どもと一緒に作りたい
アメリカ独立記念日ボード

7月4日はアメリカ独立記念日。みずみずしいスイカから甘いトウモロコシ、ホットドッグ、そして国旗の赤、白、青の3色を使ったデザートまで、毎年家族が大好きなものばかりを用意します。ここでは、7月4日を祝う料理にひねりを加えつつ、この日ならではの風味と色彩を演出したボードを紹介します。少しおめかしさせて、お皿に盛ったあとかごにのせてテーブルへ。

Shopping List
材料

チーズ

- チェダー①
- フンボルトフォグ②
- プロヴォローネ③
- プレザントリッジリザーブ④

肉類

- ハードサラミ⑤
- プロシュート⑥

フルーツ

- ブラックベリー⑦
- ブルーベリー⑦
- チェリー⑧
- ラズベリー⑨
- イチゴ⑩
- スイカ⑪

パン、クラッカー

- 薄焼きクラッカー⑫
- ピタパン⑬
- クッキー（星形）⑭

その他

- チェリージャム⑮
- ハチミツ⑯

道具

- 星形クッキーの抜き型

1. 下準備をする　プロヴォローネとピタパン、スイカは抜き型で型抜きする（子どもたちにお願いできたら！）。そのほかの材料はこれまでのボードと写真を参考に準備する。

2. 盛りつける　写真のように盛りつける。

盛りつけたら…　すぐに、またはラップで覆って20～30分冷蔵庫で冷やしてからテーブルへ。

AROUND THE

FARMERS MARKET BOARD

早起きのごほうび
ファーマーズマーケットボード

夏の恒例の楽しみは、土曜日の朝市に出かけることです。コーヒーを楽しみながらあれこれ見てまわるのが、定番スタイル。購入した旬の食材をバッグに詰めながら（夏はトマトですね）生産者の人々と会話するなかで、丹念に育てられた食材についてあれこれ教えてもらうのは、最高にうれしいものです。朝市は、ボードに盛りつけたい特別な食材を探すのにぴったりな場所でもあります。

Shopping List
材料

チーズ
- フェタ①
- ハーブシェーブル（作り方 P93、市販品でも可）②
- ハーブハバティ（またはチェダー）③

肉類
- プロシュート④

フルーツ、ハーブ
- ブラックベリー⑤
- チェリー⑥
- イチジク⑦
- ブドウ２種類⑧
- 赤洋ナシ（レッドバートレットなど）⑩
- ラベンダー⑨
- オレガノ⑨
- タイム⑨

パン、ナッツ
- バゲット⑪
- アーモンド（皮なし、マルコナ）⑫

その他
- コームハニー⑬
- ハチミツ⑬

1. 下準備をする　バゲットは食べやすいサイズにちぎる。イチジクは一部を四つ割りにする。そのほかの材料はこれまでのボードと写真を参考に準備する。
2. 盛りつける　写真のように盛りつける。
盛りつけたら…　すぐに、またはラップで覆って20～30分冷蔵庫で冷やしてからテーブルへ。

Fall

Chapter
5
秋のボード

Your Fall Pantry

秋のパントリー

「秋は他のどの季節よりも多くの黄金を運んでくる」と、アメリカの作家ジム・ビショップは語っていますが、この「黄金」は、きっと秋の紅葉を指しているのでしょう。しかし、わたしはこう考えたいのです。彼は秋が他の季節よりも豊かであることを説いているのだと。豊かな実りへの感謝と祝福の気持ち、そして人々が集い、心豊かに過ごす伝統のすばらしさを表現しているのだと思いたいです。
家に友人たちを集めて友情を深めあうにしても、前菜をたっぷり盛りつけたボードを家族みんなで囲むにしても、この季節は思い出を作り、伝統を祝うために生まれたのです。この最終章では、秋という季節を通してずっと楽しめるボードを紹介します。でもその前に、秋の食材にどんなものがあるか、探索してみましょう。

フルーツ、野菜

リンゴ
ブラックベリー
ブドウ
赤ブドウ
クランベリー
イチジク
ゴールデンベリー
洋ナシ
カキ
ザクロ
カボチャ（各種）

チーズ

熟成ゴーダ
熟成チェダー
ベラヴィターノ
ブリー
カマンベール
シメイ
クランベリーシェーブル
クランベリーウェンズリーデール
ダブルクリームチーズ
エメンタール
グリュイエール
ハービソン
ミモレット
パルミジャーノレッジャーノ
プレザントリッジリザーブ
ローグリヴァーブルー[★1]
ロックフォール
タレッジョ
フロマジェダフィノワ

その他

コルニッションのピクルス
ドライクランベリー
干し柿
洋ナシのモスタルダ[★2]
オリーブ
カボチャの種
ローストナッツ
スパイシーピーカンナッツ
全粒粉クラッカー
イチジクとオリーブのクリスプ
イチジクジャム
リンゴジャム
洋ナシのジャム（理想はスパイス入り）
粒マスタード
ハチミツ

★1：洋ナシのブランデーに漬けたシラー（ブドウ）の葉で包まれたアメリカ産ブルーチーズ。
★2：マスタード風味のシロップ漬け。

AROUND THE

FALL PAIRINGS BOARD

豊かな色彩と香り
秋のペアリングボード

すべての季節のうち秋は、食べ物の風味の特徴が最も際だっている季節といえるでしょう。パンプキンスパイスやアップルサイダーから、サンクスギビングデーの七面鳥料理やスウィートポテトまで、秋を代表する料理の数々が愛されている理由は、ぬくもり感と複雑で豊かな風味にあります。もちろん、豊かな色彩とうっとりするような香りも魅力です。ここで紹介するのは、秋の味覚をふんだんに盛り込んだ華やかな色彩のボード。五感で楽しむことができる、この季節に欠かせないメニューです。

Shopping List
材料

チーズ

- クロスバウンドチェダー*
- ロックフォール
- フロマジェダフィノワ（またはクリーミーな白カビチーズ）

肉類

- ハードサラミ
- プロシュート

フルーツ、ハーブ

- ブラックベリー
- 洋ナシ（あればボスクナシ）
- 赤ブドウ
- ローズマリー
- セージ

クラッカー、ナッツ

- イチジクとオリーブのクリスプ
- アーモンド（皮なし、マルコナ）
- スパイシーピーカンナッツ

その他

- 干し柿
- イチジクジャム
- 粒マスタード

*チェダーをアレンジしたアメリカ産チェダーチーズ。

BUILD IT
盛りつけ方

1. 下準備をする

すべてのフルーツとハーブは洗って水けを切る。洋ナシと干し柿、サラミはスライスする。チェダーとロックフォールは一部をチーズナイフの先端でひと口サイズに刻む。ジャムとマスタードはそれぞれ小さな器に入れる。

2. 盛りつける

写真のように、チェダー①、フロマジェダフィノワ②、ロックフォール③をボードの端の方に置く。ジャム④とマスタード⑤の器をのせる。ブドウ⑥とブラックベリー⑦をそれぞれ2～3か所に盛りつける。洋ナシ⑧と干し柿⑨をそれぞれ重ねて盛る。プロシュート⑩を折りたたみ、すきまに差し込む。サラミ⑪とクリスプ⑫を積み重ねて盛る。アーモンド⑬とピーカンナッツ⑭ですきまを埋める。ローズマリーとセージ⑮を飾る。

盛りつけたら…

すぐに、またはラップで覆って20～30分冷蔵庫で冷やしてからテーブルへ。

秋の味覚を
ふんだんに使ったアレンジで
おいしいペアリングの可能性を探求しましょう

ペアリングあれこれ

以下のチーズの力強い味わいとうっとりするような食感は、旬の食材はもちろん甘い食材や塩味の食材と絶妙な相性を見せてくれます。いろいろな組みあわせがありますが、ここではわたしの好きな組みあわせをいくつか紹介します。

フロマジェダフィノワと

プロシュート
ブラックベリー
イチジクとオリーブのクリスプ
スパイシーピーカンナッツ
イチジクジャム

クロスバウンドチェダーと

プロシュート
サラミ
赤ブドウ
イチジクとオリーブのクリスプ
粒マスタード

ロックフォールと

プロシュート
洋ナシ
カキ
イチジクとオリーブのクリスプ
粒マスタード

AROUND THE

FALL GATHERINGS BOARD

大切な人たちと味わう 秋の恵みのボード

9月から11月にかけてアメリカでは、楽しい休日と着心地のよいセーター、あたたかい飲み物以上に、この季節ならではの風物といえるものがあります。この時期の伝統である、友人や家族との団らんです。それがあってこそ、秋はかけがえのない季節となります。澄んだ空気と色鮮やかな紅葉はたき火や食卓を囲んでのんびりし過ごす夕暮れを完璧に演出してくれます。そんな秋の間、大切な人たちと囲みたくなるのが、豊かで味わい深いボードです。秋の色が映える大きな黒のプレートに盛ってみました。

Shopping List
材料

チーズ

- 熟成ゴーダ
- ブリー
- ダブルクリームチーズ
- プレザントリッジリザーブ

肉類

- ハードサラミ
- プロシュート

フルーツ、ハーブ

- ブラックベリー
- ザクロ
- 赤洋ナシ（あればレッドアンジュー）
- 赤ブドウ
- ローズマリー
- タイム

クラッカー、ナッツ

- 薄焼きクラッカー
- イチジクとオリーブのクリスプ
- アーモンド（皮なし、マルコナ）
- カボチャの種

その他

- 干し柿
- コルニッションのピクルス
- イチジクジャム
- ハチミツ
- 洋ナシのモスタルダ（またはタマネギジャムなど塩味のスプレッド*）

*クリームややわらかいチーズなどパンやクラッカーに塗るもの。

BUILD IT
盛りつけ方

1. 下準備をする

すべてのフルーツとハーブは洗って水けを切る。洋ナシと干し柿、サラミはスライスする。ザクロは食べやすいサイズに切る。プレザントリッジリザーブは三角形にスライスする。ゴーダは一部をチーズナイフの先端でひと口サイズに刻む。ジャムとハチミツ、モスタルダはそれぞれ小さな器に入れる。

2. 盛りつける

写真のように、ゴーダ①、ブリー②、プレザントリッジリザーブ③、ダブルクリームチーズ④を、ボードの端の方に置く。ジャム⑤とモスタルダ⑥、ハチミツ⑦の器をのせる。ブドウ⑧とブラックベリー⑨、ピクルス⑩をそれぞれ2～3か所にこんもりと盛りつける。プロシュート⑪を折りたたんで盛る。サラミ⑫、クラッカー⑬、クリスプ⑭をそれぞれ積み重ねるようにして盛りつける。ザクロ⑮と洋ナシ⑯、干し柿⑰をあいているところに盛る。アーモンド⑱とカボチャの種⑲ですきまを埋める。ローズマリーとタイム⑳、ザクロの種㉑を飾る。

盛りつけたら…

すぐに、またはラップで覆って20～30分冷蔵庫で冷やしてからテーブルへ。

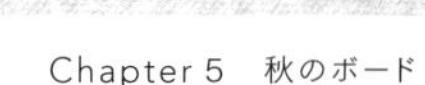

gather／gǽðər／動詞：
（人などが）集まる、（人を）引きつける、集合させる、組みたてる

盛りつけのコツ：秋の楽しさを演出する

友人たちを誘って気軽なホームパーティを開く時の準備作業は、少ないほどありがたいものですよね。ボードを素敵に盛りつけられれば、前菜の準備とテーブルの飾りつけを作業リストからはずすことができます（ボードがあれば華やかになります）。
おいしくて目でも楽しめる華やかなボードを作りあげるためのヒントを紹介します。

1　盛りつけるキャンバスを選ぶ
大きなボードだけでなく、大きなトレイや大皿がおすすめです。台座のついたケーキスタンドなどがあれば、立体感を出せるのでさらによいでしょう。

2　彩りを考える
旬のフルーツを重ねて、豊かな季節の色で彩りましょう。秋なら色鮮やかなザクロやカキ、カボチャを加えれば、より美しくなります。

3　ボードに命を吹き込む
食材でボードの隅々まで埋めつくしましょう。盛りつける際は、食材に高低差をつけ、すきまを埋め、豊潤で満ち足りた印象を演出するようにします。さらにハーブを飾れば、鮮やかな色彩と豊かな香りでボードに生命力が宿ります。

AROUND THE

OKTOBERFEST BOARD

心はドイツへ
オクトーバーフェストボード

オクトーバーフェストといえばビールですが、わたしが真っ先に思い浮かべるのはプレッツェル。ソフトなプレッツェルもあれば、サクサクしたプレッツェルもあります。子どもの頃は、小さなプレッツェルをいくつも紐に通してネックレスにしながらいただいたものです。
わたしには死ぬまでにやりたいことを並べたリストに、「本場のオクトーバーフェストに行く」という目標があります。そんな夢からヒントを得てこのボードを考案しました。食材をそろえれば、レーダーホーゼン*1をはかなくても、あっというまにミュンヘンのビアガーデン街に行った気分になれるでしょう。

Shopping List
材料

チーズ
- ビアチーズディップ（作り方 P165）
- ブッターケーゼ*2
- カンボゾーラ*3
- スモークゴーダ

肉類
- ジャーマンソーセージ

フルーツ、ハーブ
- ブラックベリー
- 赤ブドウ
- ローズマリー

パン、ナッツ
- プレッツェルツイスト
- ソフトプレッツェル
- ミックスナッツ

その他
- コルニッションのピクルス
- グリーンオリーブ（カステルベトラーノなど）
- ディジョンマスタード
- 粒マスタード

*1：ドイツのバイエルン地方伝統の革製半ズボン。
*2：バターのようにクリーミーなドイツ産セミソフトチーズ。
*3：白カビと青カビを融合させたドイツ産ブルーチーズ。

BUILD IT
盛りつけ方

1. 下準備をする

すべてのフルーツとハーブは洗って水けを切る。ソフトプレッツェルはパッケージの指示に従って焼く。ソーセージはひと口サイズに切る。ビアチーズディップを作り、小さな器に入れる。ブッターケーゼは長方形にスライスする。ゴーダは一部を薄いくさび形に切る。マスタードはそれぞれ小さな器に入れる。

2. 盛りつける

写真のように、ブッターケーゼ①、カンボゾーラ②、ゴーダ③は、ボードの端の方に置く。粒マスタード④、ディジョンマスタード⑤、ビアチーズディップ⑥の器を置く。ソフトプレッツェル⑦とソーセージ⑧を盛りつける。プレッツェルツイスト⑨を重ねて2か所に盛る。ブラックベリー⑩は1か所に、ブドウ⑪、ピクルス⑫、オリーブ⑬は2か所にそれぞれこんもりと盛りつける。ミックスナッツ⑭ですきまを埋める。ローズマリー⑮を飾る。

盛りつけたら…

すぐにテーブルへ。

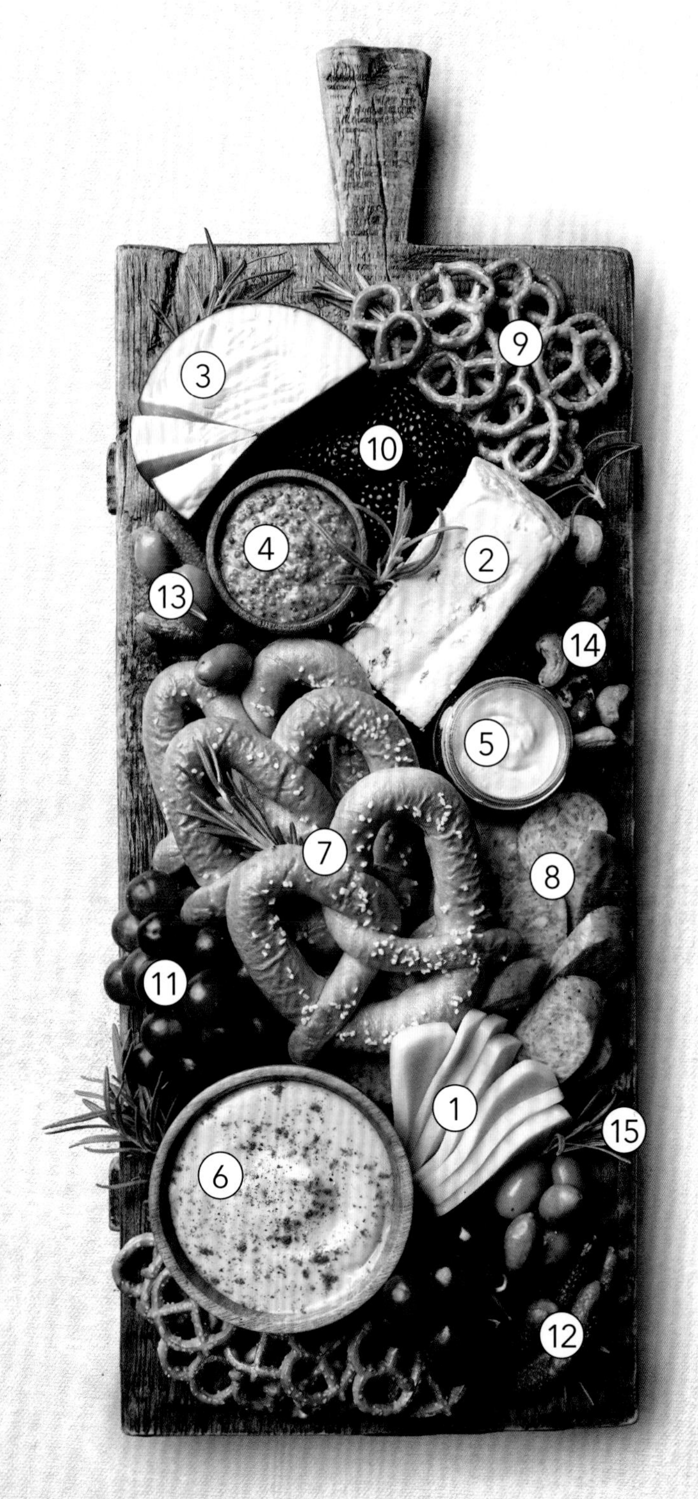

BEER CHEESE DIP

ビアチーズディップ

ひんやりする秋の一日、チーズで作ったあたたかいディップほど心をあたためてくれるものはないでしょう。この風味豊かでとろけるようなディップは、塩味がきいて歯ごたえのよいプレッツェルにぴったりです。オクトーバーフェストはもちろん、テールゲートパーティ*で、冷たい飲み物を片手に、青空の下で食べるのが最高の楽しみ方です。できあがったら、あたたかいうちにいただきましょう。

できあがりの分量：8人分　**調理時間**：20分

材料：
- シャープチェダー　2カップ
- バター（無塩）　大さじ4
- 中力粉　1/4カップ
- 牛乳、ビール（ドイツのヴァイツェンビールなど）　各1カップ
- ウースターソース　小さじ2
- ディジョンマスタード、ガーリックパウダー　各小さじ1/2
- スモークパプリカパウダー、塩、黒こしょう（ひきたて）　各小さじ1/4

---

1. チーズはグレーターですりおろす（あらかじめ細かく刻んであるものは使わないのがベター）。複雑味を出したい場合、スモークゴーダやグリュイエールと混ぜても。
2. 小鍋にバターを入れ、強めの中火で溶かす。中力粉を加え、とろみのあるペースト状になるまでかき混ぜる。
3. 牛乳を少しずつ加え、とろみがつくまで2分ほど混ぜながら煮る。
4. ビールとウースターソースを加え、とろみがついてなめらかになるまでさらに5分ほどかき混ぜる。
5. マスタード、ガーリックパウダー、スモークパプリカパウダー、塩、黒こしょうを加え、さらにかき混ぜる。
6. 小鍋を火からおろし、1のチーズを加える。チーズが溶けきって、なめらかになるまでかき混ぜる。

★スポーツ観戦の前後に、駐車場などにとめた車のバックドアを開けて料理などをセッティングして楽しむ野外料理のパーティ。

プレッツェルと香ばしいディップが
様々なドイツ産チーズの力強い風味を
ひと味違うものにしてくれます

ビールとチーズのペアリング

ワインとチーズが抜群の相性であることはいうまでもありませんが、冷えたビールの炭酸と複雑な風味も、チーズとよくあいます。両方の風味を一緒にじっくりと味わって、見事な調和を確かめてみましょう。これまで知らなかった新たな味わいをもたらしてくれることもあるかもしれません。ここでは、注意すべきポイントをいくつか紹介しますが、ペアリングの感覚は人それぞれ。自由にいろんな組みあわせを試してみましょう。

- ビールがチーズを圧倒しないよう、刺激の少ないチーズとおだやかな風味のビールをあわせましょう。
- ホップのきいた強い風味のビールは、熟成された濃厚な風味のチーズを引きたてます。
- 重いビールはコクのあるバターのような風味のチーズとよくあいます。なかでも強烈な風味のチーズと好相性です。
- 果実感が際だつビールは、一般にどんなタイプのチーズともあいます。

ラガーやピルスナーと

フレッシュチーズ（シェーブルなど）
白カビチーズ（ブリーなど）
セミハードチーズ（マイルドチェダー、ハバティなど）

ヘーフェヴァイツェンと

フレッシュチーズ（シェーブル、モッツァレラ、フェタなど）
セミソフトチーズ（ブッターケーゼなど）
セミハードチーズ（ゴーダなど）

ペールエール、IPA、
アンバーエール、ブラウンエールと

ハードチーズ
（熟成イングリッシュチェダー、
熟成ゴーダなど）
白カビチーズ（カマンベールなど）
ウォッシュチーズ（タレッジョなど）

スタウトやポーターと

フレッシュチーズ（シェーブルなど）
セミハードチーズ（ゴーダなど）
ハードチーズ
（コンテ、パルミジャーノレッジャーノなど）
ブルーチーズ
（ロックフォール、スティルトンなど）

AROUND THE

GAME DAY SNACK BOARD

スポーツ観戦に！ ゲームデーボード

アメリカでは、秋とフットボールシーズンは切っても切れない関係にあります。わたしはフットボールは専門外ですが、さわやかな秋の午後の試合観戦の魅力は理解できます。試合の日の軽食は、作るのも食べるのも大好きです。彩り豊かにボードに盛りつければ、さらに目を引いておいしさ倍増です。自宅のテレビで観戦しながらでも、スタジアム外のテールゲートパーティに出かけても、このボードを食べたらタッチダウンまちがいなしです！

Shopping List 材料

チーズ

- ディルハバティ
  （またはチポトレハバティ★1）
- ペッパージャック★2

肉類

- サラミ
- プロシュート

野菜、ハーブ

- ニンジン
- セロリ
- スナップエンドウ
- イタリアンパセリ

パン、スナック菓子、ナッツ

- ピーカンナッツ
- ピスタチオ
- プレッツェルスティック
- ポテトチップス

軽食類

- ミートボール
- フライドモッツァレラスティック
- 鶏の手羽先（好みの味つけのもの）
- ピッグインブランケット
  （またはハラペーニョポッパー★3、
  ポテトスキン★4、
  小型のハッシュドポテトなど）

その他

- シェーブルチーズのバッファローディップ（作り方 P171）
- コルニッションのピクルス
- ハラペーニョのピクルス
- オリーブ
- ディップ類
  （ベジタブルディップ、チップディップ、
  フムス、マリナラソース★5、
  ブルーチーズソース、
  ドレッシングなどから2～3種類）

★1：香辛料入りハバティ。
★2：香辛料入りモントレージャック。
★3：ハラペーニョにクリームチーズなどを詰めてパン粉をまぶして揚げたアメリカ料理。
★4：半分に切った皮つきジャガイモに穴をあけ、ベーコン、チェダーなどをトッピングしたアメリカ料理。
★5：トマトソースの一種。

BUILD IT
盛りつけ方

1. 下準備をする

すべての野菜とハーブは洗って水けを切る。ニンジンとセロリは細いスティック状に切る。ハラペーニョのピクルスとサラミはスライスする。バッファローディップを作る。ハバティとペッパージャックは長方形にスライスする。ディップ類はそれぞれ小さな器に入れる。

2. 盛りつける

写真を参考に、ディップ類やディップといただく食材の場所を確保しつつ、盛りつけていく：ディップ類①の器を置き、ニンジン②、セロリ②、スナップエンドウ③をディップのまわりに並べる。ハバティ④とペッパージャック⑤を盛る。サラミ⑥とプロシュート⑦を折りたたんで盛りつける。ピスタチオ⑧、ピーカンナッツ⑨、コルニッションのピクルス⑩、オリーブ⑪をそれぞれ数個ずつまとめて盛る。バッファローディップ⑫をのせる。モッツァレラスティック⑬、ミートボール⑭、ピッグインブランケット⑮、手羽先⑯をディップや薬味のまわりに盛りつける。ポテトチップス⑰とプレッツェル⑱をバッファローディップの近くに盛る。パセリ⑲とハラペーニョのピクルス⑳を飾る。

盛りつけたら…

すぐにテーブルへ。おかわり用のプレッツェルやポテトチップスを添えて。
友人宅や屋外へ持って行く場合は、ボードを覆うためのアルミ箔を大きくカットしてボードの下に数枚敷いてから盛りつけをはじめるとよい。この時、アルミ箔はボードまわりに大きく広げておき、盛りつけおわったらアルミ箔でボードを覆う。

軽食を盛るボードは
盛りつけだけでなく
買い物も
楽しいものです。
お気に入りの
軽食やディップ、
前菜を選んで
彩り豊かで
ボリュームのある
ボードに
仕上げましょう

GOAT CHEESE BUFFALO DIP
シェーブルチーズのバッファローディップ

アメリカで誰もが大好きなバッファローディップにシェーブルチーズを加えると、さわやかでクリーミーな風味へと進化します。ほんのひと手間で、スポーツ観戦の定番メニューが、より魅力的に生まれ変わります。できあがったら、ポテトチップスやクラッカー、野菜を添えてテーブルへ。

できあがりの分量：4〜6人分　**調理時間**：35分

材料：
・シェーブルチーズ（プレーンタイプ）　140g
・クリームチーズ　225g
・モッツァレラ（短冊形）　1/2カップ＋少量
・ブルーチーズ（砕いたもの）、ギリシャヨーグルト（プレーンタイプ）、カイエンペッパーソース（レッドホットペパーソースなど）　各1/2カップ
・チェダー（短冊形）　1/4カップ
・レモン果汁　大さじ1
・チャイブ（刻んだもの）　適量

---

1. シェーブルチーズとクリームチーズは室温に戻しておく。
2. フードプロセッサーに1のチーズを入れ、中速で混ぜる。よく混ざったらヨーグルトとレモン果汁を加える。
3. カイエンペッパーソース、ブルーチーズ、モッツァレラ（1/2カップ）を加えてよく混ぜる。混ぜあわせたものは水っぽくなってくるが、焼くと水けがとんでとろみが出るのでそのままにしておいてOK。
4. オーブン皿に移し入れ、表面にモッツァレラ（少量）とチェダーをまぶす。
5. 180℃に予熱したオーブンで、表面が泡だってキツネ色になるまで20分ほど焼く。
6. オーブンから取り出し、チャイブを飾り、10分ほど冷まして粗熱を取る。

AROUND THE

AFTER SCHOOL SNACK BOARD

子どもたちが喜ぶ アフタースクールボード

アメリカで子どもの放課後のおやつといえばグラノーラバー。サッカーなどの練習に連れていってもらう車のなかで食べるというのが定番でしょう。でも急ぎの予定や宿題がない日だったら、放課後のおやつの時間は、友達とみんなでテーブルを囲んで親睦を深める絶好の機会となります。そんな日はめずらしいかもしれませんが、子どもたちの大好きな食材をプレートに盛って、おやつの時間をちょっと特別なものにしてあげませんか？ 子どもたちが好きなものを組みあわせてオリジナルのおやつを作ることで、彼らは新しい味の世界を探検することもできるでしょう。

Shopping List
材料

チーズ

- セミハードチーズ（小さな円形）
- プロヴォローネ

フルーツ

- ブルーベリー
- オレンジ（あればクレメンティンオレンジ）
- 赤ブドウ
- イチゴ

パン、クラッカー、ナッツ

- アニマルクラッカー
- グラハムクラッカー
- ゴールドフィッシュクラッカー
- プレッツェル
- ヨーグルトプレッツェル
- トレイルミックス

その他

- キッズスティック（作り方P175）
- モッツァレラスティック（作り方P175）
- チーズクラッカー（作り方P175）
- フムス
- フルーツグミ
- グミキャンディ
- ピーナッツバター

道具

- カクテルピン（またはつまようじ）
- 小さなクッキーの抜き型（好みにあわせて数種類）

BUILD IT
盛りつけ方

1. 下準備をする

キッズスティック、モッツァレラスティック、チーズクラッカーを作る（子どもと一緒に楽しみながら作ってみては）。フルーツはすべて洗って水けを切る。イチゴは縦半分に切る。オレンジは皮をむいて小房に分ける。ピーナッツバター、トレイルミックス、フムスはそれぞれ小さな器に入れる。セミハードチーズは半分に切る。プロヴォローネはスライスし、抜き型で型抜きする（チーズクラッカーを作る分は取っておく）。

2. 盛りつける

写真のように、キッズスティック①、モッツァレラスティック②、セミハードチーズ③を盛り、ピーナッツバター④、トレイルミックス⑤、フムス⑥の器を置く。ブドウ⑦、イチゴ⑧、ブルーベリー⑨、オレンジ⑩をそれぞれまとめて盛りつける。チーズクラッカー⑪、グラハムクラッカー⑫、プレッツェル⑬、ヨーグルトプレッツェル⑭を、ピーナッツバターとフムスの器のそばに盛る。アニマルクラッカー⑮、ゴールドフィッシュクラッカー⑯、フルーツグミ⑰、グミキャンディ⑱をそれぞれまとめて盛りつける。プロヴォローネ⑲を飾る。

盛りつけたら…

すぐに、またはラップで覆って20～30分冷蔵庫で冷やしてからテーブルへ。

ボードは、食べるのはもちろんのこと、
作るプロセス自体がとても楽しいものです。
せっかくですから材料選びから盛りつけまで
子どもたちみんなに協力してもらって
カラフルで楽しいボードに仕上げてみてはどうでしょう

ボード作りのコツ：子どもたちと一緒に！

ここで紹介する軽食はどれも、簡単に作れて食べやすいだけでなく、ボードを楽しく演出してくれます。

キッズスティック

カクテルピンにブラックベリー、スライスした七面鳥の胸肉、ひと口サイズのマイルドチェダーを順に刺していく。

モッツァレラスティック

縦半分に切ったストリングモッツァレラに、スライスして半分に切ったジェノバサラミを巻きつける。

チーズクラッカー

スライスしたプロヴォローネを2～3種類の抜き型でくり抜き、リッツクラッカーにのせる。

AROUND THE

MOVIE NIGHT BOARD

映画を盛りあげる ムービーナイトボード

楽しい映画を鑑賞する夜にはおいしいお供が欠かせません。映画館でおなじみのキャンディやポップコーン、塩味のスナックなど、みんなが大好きなものをプレートに盛って、映画鑑賞の夜をさらに盛りあげてみませんか？ もし映画のテーマにマッチする食材があれば、さらに楽しくなりますね。彩り豊かなボードを作って、オープニングシーンからエンドロールまで映画を満喫しましょう。

Shopping List 材料

チーズ

- ゴーダ①
- ハバティ②
- シャープチェダー③

肉類

- ジェノバサラミ④

フルーツ、野菜

- リンゴ⑤
- 赤ブドウ⑧
- ニンジン⑥
- セロリ⑦

パン、クッキー、ナッツ

- チェダーツイスト⑪
- チョコレートチップクッキー⑫
- オレオクッキー⑬
- ピーナッツバター プレッツェル⑭
- ポップコーン２種類⑮
- プレッツェル⑯
- トレイルミックス⑰

スイーツ

- グミキャンディ⑱
- ピーナッツバターカップ⑲
- レッドホットキャンディ⑳
- ツイズラー㉑
- 好みにあわせて：その他のお菓子

その他

- フムス⑨
- ピーナッツバター⑩

1. 下準備をする　これまでのボードと写真を参考にそれぞれの材料を準備する。

2. 盛りつける　写真のように盛りつける。

盛りつけたら…　すぐにテーブルへ。

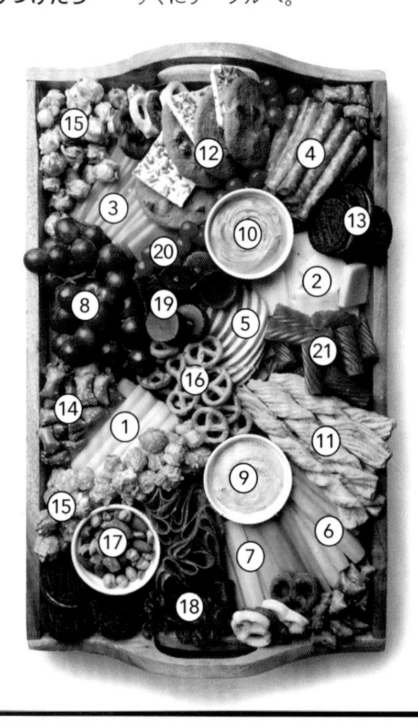

AROUND THE

APPLE SPICE BOARD

リンゴが主役 アップルスパイシーボード

わたしはリンゴこそ秋を代表する食材だと思っています。鮮烈でみずみずしく、甘味もあるリンゴは、甘いものとも塩味のものとも相性がよく、まさに完璧なパートナーです。ここで紹介するのは、リンゴ好きには夢のようなボードでしょう。様々な品種のリンゴをはじめ、チーズやシャルキュトリー、魅力的な食材が勢ぞろいしています。

Shopping List

材料

チーズ

- 熟成ゴーダ①
- ブリー②
- シナモントスカーノ*（またはベラヴィターノなどのセミハードチーズ）③
- シャープホワイトチェダー④

肉類

- スモークサラミ（あればアップルスモークサラミ）⑤

フルーツ

- リンゴ3種類（ロイヤルガラ⑥、グラニースミス⑦、ハニークリスプ⑧など）

パン、クラッカー、ナッツ

- チーズパン（棒状、チェダーツイストなど）⑨
- シナモングラハムクラッカー⑩
- タラリクラッカー⑭
- メープルクッキー⑫
- スパイシーピーカンナッツ⑬

その他

- ドライアップル⑪
- シードルジャム⑮
- ハチミツ⑯
- シナモン（スティック）⑰

*シナモンがまぶされたチェダースタイルのアメリカ産チーズ。

1. 下準備をする　これまでのボードと写真を参考にそれぞれの材料を準備する。

2. 盛りつける　写真のように盛りつける。

盛りつけたら…　すぐにテーブルへ。

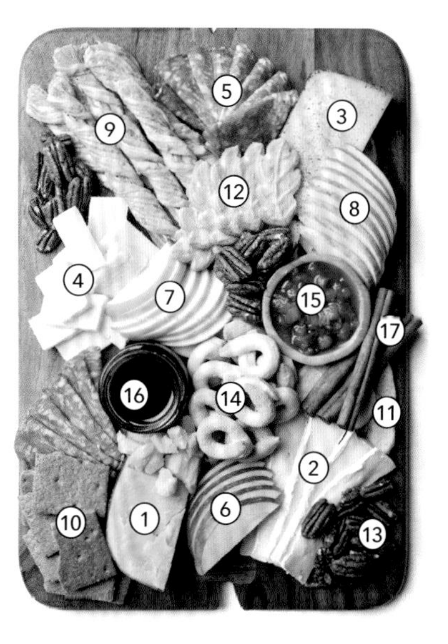

AROUND THE

CHARSPOOKERIE BOARD

怪奇めいた夜に！ ハロウィーンボード

ハロウィーンは大好きなイベントです。「史上最強のゴースト」を自称する手前、わたしはおそろしくも愉快で独創的なパーティを開くコツを少しばかり学んできました。そんなわたしの呪術書のなかで最もリクエストの多いレシピは、ダークな色彩と人目を引く食材をたっぷり盛りつけた不気味なボード。ちょっとしたいたずら心も添えて、怪奇めいたエレガントな夜を演出してくれます。

Shopping List
材料

チーズ

- ゴルゴンゾーラピカンテ①
- フンボルトフォグ②
- ラトゥール③
- ミモレット④

肉類

- ブレザオラ⑤
- ドライサラミ⑥

フルーツ

- ブラックベリー⑦
- ブドウ⑨

クラッカー、ナッツ

- イチジクとオリーブのクリスプ⑩
- スパイシーピーカンナッツ⑪

その他

- ダークチョコレート⑫
- ドライイチジク⑧
- ドライオレンジ⑬
- ドライクランベリー⑭
- コームハニー⑮
- サワーチェリージャム⑯
- 好みにあわせて：クモのおもちゃ

1. 下準備をする　これまでのボードと写真を参考にそれぞれの材料を準備する。
2. 盛りつける　写真のように盛りつける。
盛りつけたら…　すぐに、またはラップで覆って20～30分冷蔵庫で冷やしてからテーブルへ。

AROUND THE

THANKSGIVING BOARD

家族で囲む サンクスギビングボード

毎年11月の第4木曜日に行われるアメリカの感謝祭、サンクスギビングデー。この日のメニューは非常に神聖で、家族ごとに代々受け継がれたレシピがあるほどです。とはいっても、新しいものを取り入れる余地もあり、近年ではチーズボードが、わが家のサンクスギビングデーのメニューに欠かせません。家族のみんながボードを囲んで近況を語りつつ、おいしい軽食を楽しんでいるうちに、メインメニューの七面鳥のローストが登場します。今回はアンティークプレートに盛りつけてみました。

Shopping List
材料

チーズ

- クランベリーシェーブル①
- グリュイエール②
- ハービソン③
- ポールサリュー④

肉類

- プロシュート⑤
- ソプレッサータ⑥

クラッカー、ナッツ

- 薄焼きクラッカー⑮
- イチジクとオリーブのクリスプ⑭
- アーモンド（皮なし、マルコナ）⑯
- カボチャの種⑰

フルーツ、ハーブ

- 洋ナシ（あればボスクナシ）⑦
- ゴールデンベリー⑧
- ザクロ⑩
- ラズベリー⑪
- 赤ブドウ⑫
- ローズマリー⑬
- セージ⑬
- タイム⑬

その他

- 干し柿⑨
- イチジクジャム⑱
- ハチミツ⑲
- コームハニー⑳

1. 下準備をする　これまでのボードと写真を参考にそれぞれの材料を準備する。

2. 盛りつける　写真のように盛りつける。

盛りつけたら…　すぐに、またはラップで覆って20～30分冷蔵庫で冷やしてからテーブルへ。

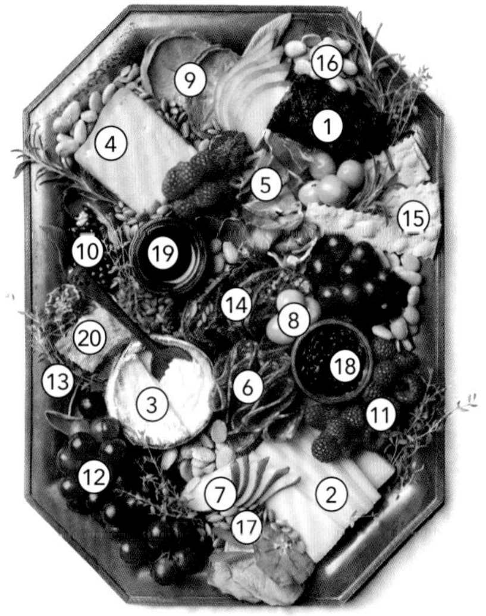

AROUND THE

FRIENDSGIVING BOARD

友情を深める フレンズギビングボード

サンクスギビングデーのような祝日があったらいいのに！ と、ずっと考えていました。なぜなら、サンクスギビングデーの意義は、家族に限らず、大切な人たちと感謝の気持ちを分かちあうことにあるからです。このフレンズギビングボードは、2018年に開いた友情への感謝を分かちあうパーティのために作ったものをもとに考案しました。このボードがきっかけとなり、「チーズボードクイーン」とこの本が誕生することになりました。ここではメタリックなプレートに盛って紹介します。

Shopping List

材料

チーズ

- 熟成ゴーダ①
- ブルサン②
- クランベリーシェーブル（作り方 P49）③
- イングリッシュチェダー④
- トリプルクリームチーズ⑤

肉類

- カピコラ⑥
- ジェノバサラミ⑦
- カラブレーゼソプレッサータ⑧
- プロシュート⑨

フルーツ、ハーブ

ブラックベリー⑩
ザクロ⑪
赤ブドウ⑫
ローズマリー⑬
セージ⑬

パン、クラッカー、ナッツ

- イチジクとオリーブのクリスプ⑭
- 薄焼きクラッカー⑮
- アーモンド（皮なし、マルコナ）⑯
- クルミ⑲
- カボチャの種⑱
- ミニトースト⑰

その他

- グリーンオリーブ（カステルベトラーノなど）⑳
- イチジクジャム㉑
- ハチミツ㉒

1. 下準備をする　これまでのボードと写真を参考にそれぞれの材料を準備する。
2. 盛りつける　写真のように盛りつける。
盛りつけたら…　すぐに、またはラップで覆って20～30分冷蔵庫で冷やしてからテーブルへ。

Index
索引

さ

た

な

は

ま

や

ら

Acknowledgments

謝辞

本書を作るにあたってまわりの人々の協力が不可欠でした。みなさんには感謝の気持ちでいっぱいです。まずは誰よりも、両親のパムとダリン・ディレイニーに感謝します。両親はキッチンを、わたしの心の拠り所にしてくれました。そこは家族が育ち、集まり、愛を育む場所です。ふたりはいつも思慮深くわたしを導いてくれ、夢をあきらめないよう励ましてくれます。兄のニック・ディレイニー、あなたの機知とユーモア、わたしを支えてくれるその優しさに感謝します。そして、いつもわたしを前向きな気持ちにさせて、背中を押してくれる婚約者のニック・ワットへ。わたしの一番のファンでいてくれてありがとう。あなたのサポートは、一生大切にしていきたい贈り物です。友人のみんな、あなたたちはわたしが自分の長所に目を向ける手助けをしてくれると同時に、新たな挑戦のきっかけを与えてくれます。これからもみなさんがボードを囲んで楽しく過ごす夜がずっと続くことを心から願っています。また、才気と勇気にあふれる生産者や企業家のみなさん、料理芸術家のみなさんに感謝を伝えます。あなたたちの熟練の職人技が、チーズをはじめとする手作りの食材業界を支えています。あなたたちのすばらしい才能の成果をこの本で紹介することをお許しいただき、ありがとうございます。そして最後に、その独創性と優しい心で、日々わたしを奮いたたせてくれる「チーズボードクイーン」のみなさん、本を書くという長い旅に参加してくれてありがとうございます。見事なチームワークでこの本を作りあげてくれたDKパブリッシングのみなさん、そしてわたしのビジョンを本という形で実現するために協力してくれたすべての人に感謝します。アレクサンドラ・アンドレイエフスキー、ベッキー・バチャラー、アシュレイ・ブルックス、そしてダニエル・ショウォルターへ心からの感謝を贈ります。

About the Author

著者について

エミリー・ディレイニー

アメリカ中西部生まれ、シカゴ在住。人生のあらゆる場面を美しく演出するおいしいボード作りを目指すとともに、美しいボード作りを通じて人々の親交を深めようと「チーズボードクイーン」を創設。ワークショップでは、すばらしいボード作りのための手順を丁寧に指導する他、専門家ならではのフードペアリングのコツを伝授している。

日本語版制作スタッフ

翻訳：村松静枝

翻訳協力：株式会社トランネット（www.trannet.co.jp）

カバーデザイン・組版：松岡里美（gocoro）

編集：鶴留聖代

制作・進行：矢澤聡子（グラフィック社）

カッティングボード スタイリングレッスン

2023年7月25日　初版第1刷発行

著　者：エミリー・ディレイニー（© Emily Delaney）

発行者：西川正伸

発行所：株式会社 グラフィック社

〒102-0073 東京都千代田区九段北1-14-17

Phone：03-3263-4318　Fax：03-3263-5297　http://www.graphicsha.co.jp

振　替：00130-6-114345

ISBN 978-4-7661-3723-1 C2077
Printed in China